通俗理论读物之六

理论热点面对面 2008

中共中央宣传部理论局

学习出版社
人民出版社

图书在版编目(CIP)数据

理论热点面对面 · 2008：彩色版 / 中共中央宣传部理论局编.
－北京：学习出版社，人民出版社，2008.6
ISBN 978-7-80116-681-4
Ⅰ.理… Ⅱ.中… Ⅲ.思想政治教育－中国－学习参考资料
Ⅳ.D64
中国版本图书馆 CIP 数据核字(2008)第 068570 号

理论热点面对面 · 2008
LILUN REDIAN MIANDUIMIAN · 2008
中共中央宣传部理论局

责任编辑：田 园 边 极
技术编辑：纪 边

出版发行：学习出版社 人民出版社
北京市西长安街 5 号（100806）
010-66063020 010-66061634
经 销：新华书店
印 刷：北京新丰印刷厂

开 本：710 毫米 × 1000 毫米 1/16
印 张：16
字 数：203 千字
版次印次：2008 年 6 月第 1 版 2008 年 8 月第 3 次印刷

书 号：ISBN 978-7-80116-681-4
定 价：31.00 元

出版说明

为深入学习宣传贯彻党的十七大精神，大力宣传中国特色社会主义理论体系，积极推动当代中国马克思主义大众化，进一步统一思想、凝聚力量，我们在深入调研的基础上，组织理论界专家学者撰写了第六本通俗理论读物——《理论热点面对面·2008》。本书对广大干部群众普遍关心的热点问题，用鲜活的语言进行深入浅出的回答，观点准确、图文并茂、文字生动、通俗易懂，具有较强的针对性和说服力，是组织广大干部群众、青年学生进行理论学习和形势政策教育的重要辅助材料。

中共中央宣传部理论局

2008年6月

目 录 CONTENTS

目 录 CONTENTS

1

凝聚在中国特色社会主义伟大旗帜下

——为什么要坚持和发展中国特色社会主义

党的十七大是在我国改革发展关键阶段召开的一次十分重要的会议。这次大会最重要的历史贡献和最引人注目的亮点，就是进一步阐明了中国特色社会主义这一党在新时期的理论主题和实践主题，高高举起中国特色社会主义伟大旗帜。

在我们党的历史上，党的十七大不仅第一次鲜明地提出了要高举中国特色社会主义伟大旗帜，将其载入党章，而且第一次高度概括了

高举中国特色社会主义伟大旗帜的根本要求，明确提出最根本的就是要坚持“中国特色社会主义道路”和“中国特色社会主义理论体系”。这就向世人郑重宣示了我们党坚持和发展中国特色社会主义的决心和信心，充分体现了全党全国各族人民的共同意志和愿望。

伟大旗帜在神州大地高高飘扬

放眼全球，风云变幻，时代潮流滚滚向前，中华大地风光无限美好。如果说世界社会主义运动仍然处于低潮，那么，一个面向现代化、面向世界、面向未来的社会主义中国则巍然屹立在世界东方，创造了举世瞩目的人间奇迹，越来越显示出蓬勃生机和活力。改革开放30年，弹指一挥间，中华民族却沧桑巨变，摆脱了贫困，告别了落后，大踏步赶上时代潮流，迎来伟大复兴的光明前景。到底是什么推动了中国的腾飞？归结起来，就是我们党高举中国特色社会主义伟大旗帜，把亿万人民凝聚在这一旗帜下，开展了中国特色社会主义的伟大实践。

进入改革开放新时期，我们党的全部理论和实践探索都是围绕坚持和发展中国特色社会主义来展开、来深化的。中国特色社会主义作为新时期以来我们党继续推进马克思主义中国化的伟大历史性创造，体现在实践上，就是开辟了中国特色社会主义道路；体现在理论上，就是形成了中国特色社会主义理论体系；体现在政治上，就是要高举中国特色社会主义伟大旗帜。在党的十二大上，邓小平同志第一次明确提出“中国特色社会主义”这个重大命题，强调走自己的道路，建设有中国特色的社会主义。从那时起，“中国特色社会主义”就成为党的历次全国代表大会的“主题词”。党的十三大系统阐述了社会主义初级阶段理论，明确提出建设有中国特色社会主义理论，确立了党的“一个中心、两个基本点”的基本路线。党的十四大系统概括了建设有中国特色社会主义理论的主要内容，明确了我国经济体制的改革目标是建立社会主义市场经济体制。党的十五大明确提出邓小平理论这一科学概念，确立邓小平理论为党的指导思想并写入党章。党的十六大科学阐述了“三个代表”重要思想，并将这一重大理论成果作为党的指导思想写入党章。党的十七大高举中国特色社会主义伟大旗帜，全面阐述

了科学发展观，并把改革开放以来党的理论创新成果统一概括为中国特色社会主义理论体系，对中国特色社会主义道路的内涵作出了更加完整、更加系统的概括，把我们党对中国特色社会主义的认识提升到一个新的高度。

人民网开设的“学习贯彻党的十七大精神”专题

胡锦涛同志指出：“中国特色社会主义伟大旗帜，是当代中国发展进步的旗帜，是全党全国各族人民团结奋斗的旗帜。”在当代中国，只有中国特色社会主义旗帜而不是别的什么旗帜能够最大限度地团结和凝聚全国各族人民的智慧和力量。高举中国特色社会主义伟大旗帜不动摇，是集我国社会主义建设近60年的历史经验、特别是改革开放30年的基本经验而得出的根本结论，是进一步开创党和国家事业发展新局面的根本保证。

通往美好生活的康庄大道

要实现中华民族伟大复兴，必须找到一条既适合自己国情、又符合时代要求的发展道路。15世纪以来，世界主要大国的发展，大都是通过对内剥削、对外掠夺乃至发动侵略战争来实现的。这显然不是我们要走的现代化道路。20世纪以来，一些发展中国家，虽然实现了经济快速增长，但同时出现了贫富悬殊、社会矛盾加剧、生态环境恶化等大量问题，这种有增长、无发展、大多数人享受不到现代化成果的模式，我们显然也不会效仿。在中国这样落后的东方大国建设社会主义，是马克思主义发展史上的新课题，必须从我们的基本国情出发，把马克思主义基本原理同中国实际相结合，在实践中开辟具有中国特色的社会主义建设道路。

社会主义在中国，是历史的选择、人民的选择。由于我国是在半殖民地半封建社会的基础上完成了由新民主主义到社会主义的过渡，

党的十一届三中全会会场

这就决定了中国社会主义建设将是一个长期而艰辛的历史过程。新中国成立以后，以毛泽东同志为核心的党的第一代中央领导集体，带领党和人民成功地完成了社会主义改造，开始寻找适合中国国情的社会主义建设道路，积累了推进社会主义建设的重要经验，但也走过一些弯路。以党的十一届三中全会为转折点，我们党重新确立了解放思想、实事求是的思想路线，立足我国国情，在把马克思主义的基本原理同我国的具体实际相结合过程中，开辟了中国特色社会主义道路，创立了邓小平理论和“三个代表”重要思想，提出了科学发展观等重大战

略思想，使中国特色社会主义在实践中不断丰富和发展。

党的十七大报告对中国特色社会主义道路作了明确的界定，指出：“中国特色社会主义道路，就是在中国共产党领导下，立足基本国情，以经济建设为中心，坚持四项基本原则，坚持改革开放，解放和发展社会生产力，巩固和完善社会主义制度，建设社会主义市场经济、社会主义民主政治、社会主义先进文化、社会主义和谐社会，建设富强民主文明和谐的社会主义现代化国家。”这个界定，包括党的基本路线、中国特色社会主义事业四位一体的总体布局和我国发展的奋斗目标等内容。其中，基本路线是总纲，是中国特色社会主义道路的根本遵循；总体布局是基本内容，是中国特色社会主义道路的具体展开；发展目标是宏伟蓝图，是我们发展中国特色社会主义的努力方向。它们相互联系、相辅相成，是一个有机统一的整体。这是对我们党改革

开放以来实践创新成果的科学总结，是中国特色的集中体现，是一条实现中国繁荣富强和中国人民幸福安康的正确道路。

党的十七大报告指出：“中国特色社会主义道路之所以完全正确、之所以能够引领中国发展进步，关键在于我们既坚持了科学社会主义的基本原则，又根据我国实际和时代特征赋予其鲜明的中国特色。”这就深刻揭示了中国特色社会主义的本质及其成功的奥秘。我们党在新时期开创的中国特色社会主义道路，其理论基础是对马克思列

宁主义、毛泽东思想的科学继承，其时代背景是对国际形势和时代特征的科学把握，其历史根据是对国内外建设社会主义正反两方面经验的科学总结，其现实依据是对我国改革开放和社会主义现代化建设实践、对最广大人民共同愿望的科学认识。这条道路就是马克思主义基本原理同中国现代化建设实际和时代特征相结合的伟大产物，是扎根于中国大地、反映中国人民愿望、适应中国发展进步要求的科学社会主义。在当代中国，只有这条道路而没有别的什么道路能够解决中国发展进步的问题。我们决不能走被实践证明是封闭僵化的老路，也决不能走那种改旗易帜、放弃共产党领导、放弃社会主义的邪路，只能坚决地走充满生机活力的中国特色社会主义的新路。坚持中国特色社会主义道路，就是真正坚持社会主义。

马克思恩格斯列宁
论科学社会主义基本原则

科学社会主义必须以辩证唯物主义和历史唯物主义为理论基石，以实现共产主义为最高理想，以工人阶级政党为领导核心，以解放和发展生产力为社会主义的根本任务，以生产资料公有制和按劳分配为社会主义制度的经济基础，以人民当家作主为社会主义民主政治的本质特征，以马克思主义为社会主义意识形态的灵魂，坚持无产阶级专政，坚持改革和完善社会主义制度和体制机制，等等。

根深叶茂的参天大树

伟大的实践产生伟大的理论，伟大的理论引领伟大的实践。我们党在领导中国革命、建设和改革的长期实践中，把马克思主义基本原理同中国具体实际和时代特征相结合，不断推进马克思主义中国化，实现了两次历史性飞跃。第一次飞跃发生在新民主主义革命时期，形成了毛泽东思想。第二次飞跃发生在党的十一届三中全会以后，形成了中国特色社会主义理论体系。党的十七大报告指出：“中国特色社会主义理论体系，就是包括邓小平理论、‘三个代表’重要思想以及科学发展观等重大战略思想在内的科学理论体系。这个理论体系，坚持和发展了马克思列宁主义、毛泽东思想，凝结了几代中国共产党人带领人民不懈探索实践的智慧和心血，是马克思主义中国化最新成果，是党最可宝贵的政治和精神财富，是全国各族人民团结奋斗的共同思想基础。”在这里，不仅首次提出“中国特色社会主义理论体系”的重大命题，完整阐述了这一理论体系的科学内涵，而且准确揭示了这一理论体系是马克思主义中国化最新成果的历史地位。这是对新时期我们党理论创新成果的最精辟概括，是党的十七大在理论上的一个重大贡献。

中国特色社会主义理论体系，是我们党在和平与发展成为时代主题的历史条件下，在我国改革开放和社会主义现代化建设的伟大实践中，在总结我国社会主义建设正反两方面历史经验和改革开放以来新鲜经验，并借鉴其他社会主义国家兴衰成败经验教训的基础上逐步形成和发展起来的。在新时期，以邓小平同志为核心的党的第二代中央领导集体创立了邓小平理论，以江泽民同志为核心的党的第三代中央领导集体创立了“三个代表”重要思想，以胡锦涛同志为总书记的党中央提出了科学发展观等重大战略思想，它们既一脉相承而又与时俱进，构成了中国特色社会主义理论体系。这个理论体系贯穿着解放思

想、实事求是、与时俱进的思想路线，始终围绕什么是社会主义、怎样建设社会主义，建设什么样的党、怎样建设党，实现什么样的发展、怎样发展这三大基本问题而展开、而深化，不断丰富和完善。这一理论体系用一系列独创性的重大理论观点，系统回答了在中国这样一个十几亿人口的发展中大国如何加快实现现代化、巩固和发展社会主义的一系列重大问题，深化了对共产党执政规律、社会主义建设规律和人类社会发展规律的认识，开辟了马克思主义发展的新境界，在中国特色社会主义伟大实践中已经成为根深叶茂、硕果累累的参天大树。

中国特色社会主义理论体系之所以完全正确，之所以能够引领中国不断发展进步，最根本的就在于它既坚持了马克思主义基本原理，又注重结合中国实际，深刻把握我国基本国情及其经济社会发展的阶段性特征，反映了我国社会进步的新要求和人民群众的新期待，有着鲜明的实践特色；深深地扎根中国土壤，把马克思主义真理的力量熔铸在民族的生命力、创造力、凝聚力之中，有着鲜明的民族特色；顺应时代潮流，把握时代脉搏，反映时代要求，有着鲜明的时

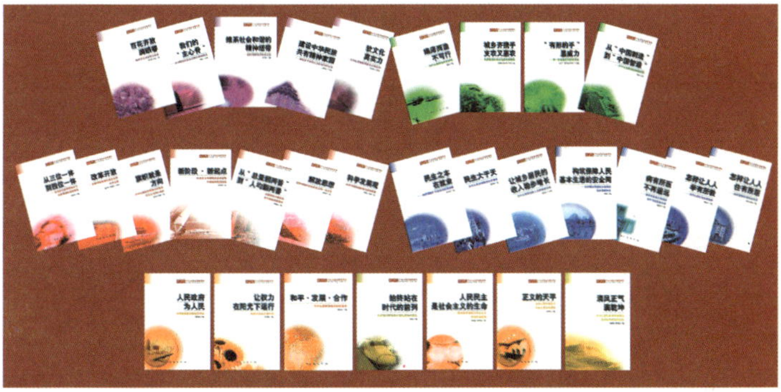

学习宣传党的十七大的图书琳琅满目

马克思主义理论研究和建设工程工作会议

农民剧团表演自编节目《夸夸党的十七大》

代特色。这一理论体系坚持和发展了马克思列宁主义、毛泽东思想，是与中国国情相结合、与时代发展同进步、与人民群众共命运的当代中国马克思主义，焕发出强大的生命力、创造力、感召力。在当代中国，只有中国特色社会主义理论体系而不是别的什么“主义”能够凝聚党心民心、引领中国发展进步。坚持中国特色社会主义理论体系，就是真正坚持马克思主义。

当今世界正在发生广泛而深刻的变化，当代中国正在发生广泛而深刻的变革。机遇前所未有，挑战也前所未有，机遇大于挑战。面对新形势新任务，我们要紧紧抓住和切实用好我国发展的重要战略机遇期，积极应对各种挑战，夺取全面建设小康社会的新胜利，关键在

党的十七大精神宣讲进牧区

高校师生热议党的十七大报告

于用中国特色社会主义理论体系武装头脑、指导实践。同时，中国特色社会主义理论体系又是不断发展的开放的理论体系，我们既要在中国特色社会主义理论体系指导下推进中国特色社会主义的伟大实践，又要在伟大实践中坚持解放思想、实事求是、与时俱进，不断丰富和发展中国特色社会主义理论体系，既做到“生活之树常青”，又做到“理论之果常新”，让当代中国马克思主义放射出更加灿烂的真理光芒。

旗帜问题至关紧要。在新的历史起点上，只要我们毫不动摇地高举中国特色社会主义伟大旗帜，始终不渝地以邓小平理论和“三个代表”重要思想为指导，深入贯彻落实科学发展观，继续解放思想，坚持改革开放，推动科学发展，促进社会和谐，就一定能够夺取全面建设小康社会的新胜利。

网友提问

网友：中国特色社会主义理论体系为什么不包括毛泽东思想？

答：毛泽东思想和中国特色社会主义理论体系都是马克思主义中国化的理论成果。其中，中国特色社会主义理论体系的创立与发展，是从改革开放开始的，是对新时期我们党理论创新成果的概括，是马克思主义中国化的最新理论成果。同时，中国特色社会主义理论体系与毛泽东思想又有着深厚的理论渊源，也是对毛泽东同志艰辛探索社会主义建设规律重要思想成果的继承和发展，它们具有一脉相承而又与时俱进的辩证关系。

深度阅读

- 胡锦涛：《高举中国特色社会主义伟大旗帜　为夺取全面建设小康社会新胜利而奋斗——在中国共产党第十七次全国代表大会上的报告》，人民出版社2007年10月版。

相关链接

- 习近平：《关于中国特色社会主义理论体系的几点学习体会和认识》，《求是》2008年第7期。
- 刘云山：《毫不动摇地高举中国特色社会主义伟大旗帜》，《求是》2008年第2期。

2

最新理论成果　重大战略思想

——为什么要深入贯彻落实科学发展观

在全党开展深入学习实践科学发展观活动，是党的十七大作出的一项重大战略部署。党中央对开展这项活动高度重视，决定先进行试点，取得经验后再自上而下分批展开。当前，试点工作已经开始，正在扎实推进。开展这项活动，进一步用科学发展观武装头脑、指导实践、推动工作，必将有力地推进中国特色社会主义伟大事业。

中国特色社会主义理论体系的最新成果

一个民族要想站在科学的高峰，就一刻也不能离开理论思维。马克思主义是人类思想史上最伟大的理论，是推动社会进步、实现人类解放最锐利的思想武器。它具有与时俱进的理论品质，随着时代的变化和实践的发展而发展。中国共产党成立之初，就郑重地把马克思主义写在自己的旗帜上，在把马克思主义基本原理同中国革命、建设和改革的实践相结合过程中，不断推进理论创新，先后创立了毛泽东思想、邓小平理论、"三个代表"重要思想和科学发展观等重大战略思想。在这一系列理论成果中，邓小平理论、"三个代表"重要思想和科学发展观等一系列重大战略思想是马克思主义中国化的最新成果，党的十七大把它们概括为中国特色社会主义理论体系，这是继毛泽东思想之后马克思主义中国化的又一次历史性飞跃。

在中国特色社会主义理论体系中，邓小平理论是开创之作，"三个代表"重要思想是重要组成部分，科学发展观等重大战略思想是这一理论体系的重要创新成果，它们既相互贯通又层层递进，体现了改革开放新时期我们党理论创新成果的科学性体系和阶段性成果的内在统一。党的十七大报告指出："科学发展观，是对党的三代中央领导集体关于发展的重要思想的继承和发展，是马克思主义关于发展的世界观和方法论的集中体现，是同马克思列宁主义、毛泽东思想、邓小平理论和'三个代表'重要思想既一脉相承又与时俱进的科学理论，是我国经济社会发展的重要指导方针，是发展中国特色社会主义必须坚持和贯彻的重大战略思想。"这一重要论述，对科学发展观作出了明确而科学的评价，深刻地揭示出科学发展观在中国特色社会主义理论体系和党的事业发展全局中的历史地位和指导意义。

马克思主义认为，生产力发展是人类社会发展的最终决定力量，生产力和生产关系、经济基础和上层建筑的矛盾运动是社会发展的根本推动力量，必须正确处理人与自然、人与社会、人与人的关系。我们党在领导社会主义建设和改革实践中，不断推进理论创新，进一步丰富和发展了马克思主义发展观。新中国成立后，以毛泽东同志为核心的党的第一代中央领导集体，积极探索符合中国国情的社会主义建设道路，提出了坚持统筹兼顾、正确处理人民内部矛盾等重要观点，初步探索了社会主义发展的基本规律。党的十一届三中全会后，以邓小平同志为核心的党的第二代中央领导集体，从社会主义初级阶段基本国情出发，作出把党和国家工作中心转移到经济建设上来、实行改革开放

科学发展观日益深入人心

的历史性决策，揭示社会主义本质，确立党的基本路线，强调发展是硬道理，提出了现代化建设“三步走”的发展战略，开辟了建设中国特色社会主义的伟大道路，使我们党的发展观发生了一次重大的飞跃。党的十三届四中全会后，以江泽民同志为核心的党的第三代中央领导集体，强调发展是党执政兴国的第一要务，正确处理改革发展稳定的关系，坚持物质文明、政治文明、精神文明协调发展，促进人的全面发展，建立社会主义市场经济体制，实施依法治国、科教兴国等重大战略，确立了全面建设小康社会的奋斗目标，使我们党的发展观得到进一步丰富发展。正是在继承和发展党的三代中央领导集体关于发展的重要思想的基础上，党的十六大以来，以胡锦涛同志为总书记的党中央在全面建设小康社会伟大实践中创造性地提出了科学发展观的重大战略思想。

胡锦涛同志在党的十七大报告中全面阐述了科学发展观的时代背景、历史地位、科学内涵、精神实质和根本要

2002–2007 年国内生产总值增长图（单位：亿元）

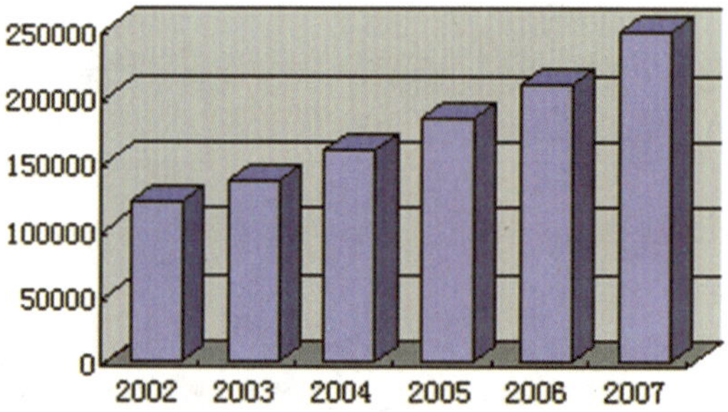

2002–2007 年城镇居民人均可支配收入增长图（单位：元）

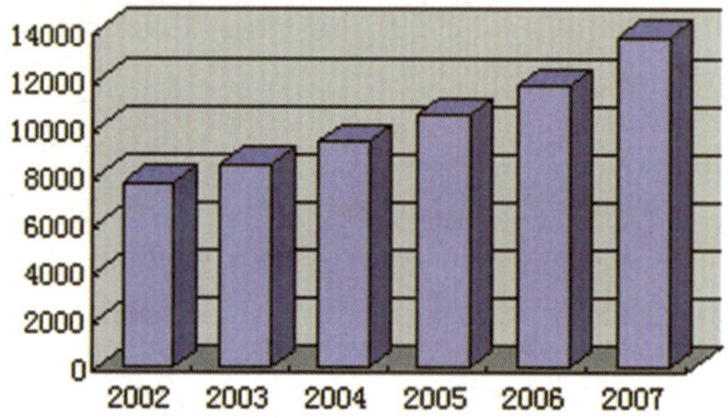

2002–2007 年农民人均纯收入增长图（单位：元）

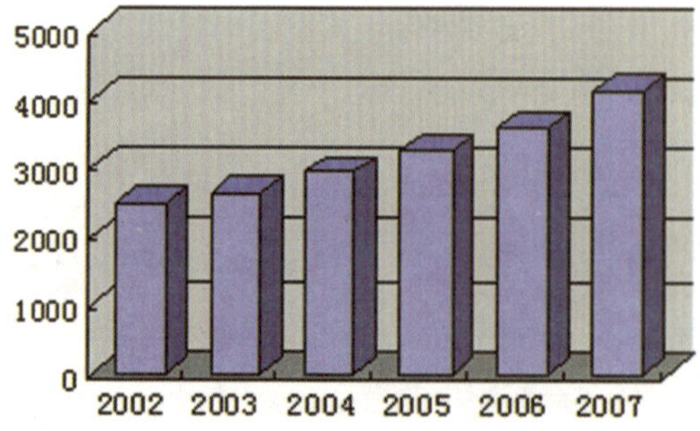

求。他指出："科学发展观，第一要义是发展，核心是以人为本，基本要求是全面协调可持续，根本方法是统筹兼顾。"这四句话是对科学发展观科学内涵、精神实质、根本要求的集中概括。党的十七大报告既高度概括了科学发展观四个方面的内容，又深刻阐述了每一个方面所包含的丰富思想内涵，进一步揭示出它们之间相互联系、有机统一的辩证关系，明确指出我们的发展就是坚持以人为本、实现全面协调可持续发展，推动科学发展、和谐发展、和平发展，努力实现经济社会又好又快发展。这一重大战略思想坚持马克思主义立场观点方法，用一系列相互联系、相互贯通的新思想、新观点、新论断，进一步系统地回答了什么是发展、为什么发展、怎样发展的重大问题，深化了对中国特色社会主义发展目的、发展理念、发展方式、发展动力以及发展布局、发展战略、发展道路的认识，赋予马克思主义关于发展的理论以新的时代内涵，为中国特色社会主义理论体系增添了新的内容，表明我们党在推进马克思主义中国化方面达到了一个新的高度。科

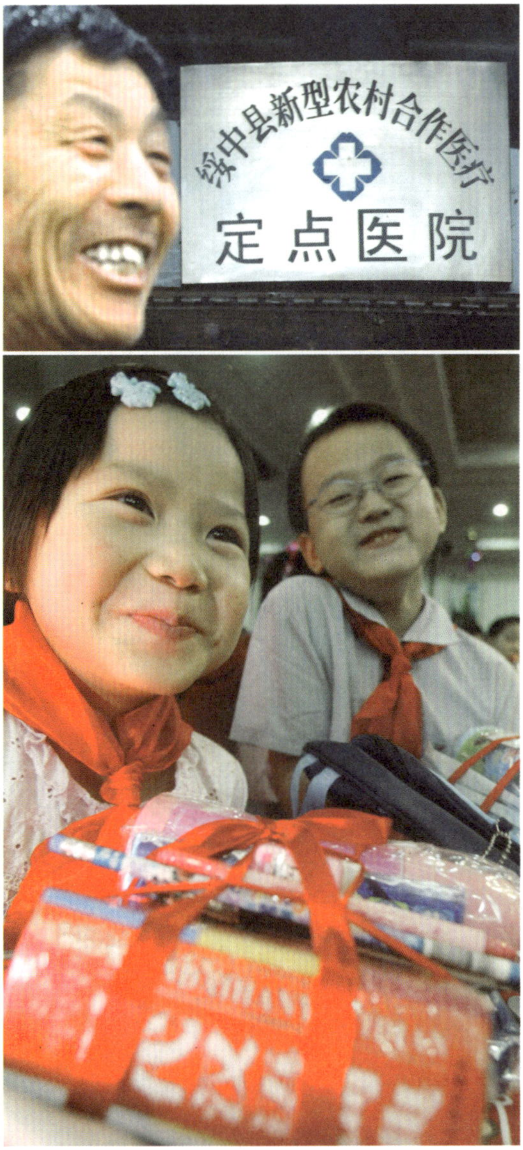

党和国家出台一系列改善民生新举措

学发展观的形成，凝聚了几代中国共产党人的心血和艰辛探索，凝聚了新中国近60年来社会主义建设的历史经验，是与时俱进的马克思主义发展观，为我们实现经济社会又好又快发展指明了方向。在新的发展阶段，深入贯彻落实科学发展观，是对邓小平理论和"三个代表"重要思想的最好坚持，也是对中国特色社会主义理论体系的最好实践。

发展中国特色社会主义必须坚持和贯彻的重大战略思想

科学发展观一经提出，很快得到全党全社会广泛认同，日益显示出巨大指导作用，有力地推动了经济社会的又好又快发展。近年来，从沿海到内地，从塞外到江南，从城市到乡村，举国上下处处涌动着科学发展的春潮，展现出全面建设小康社会的美好前景。科学发展观之所以如此"神奇"，根本原因就在于它是立足社会主义初级阶段基本国情，总结我国发展实践，借鉴国外发展经验，适应新的发展要求提出来的，是我们党在深刻发展变化着的国际国内大背景下，顺应当今世界的发展潮流，在适应新形势、应对新挑战、完成新任务的伟大实践中应运而生的，是全面建设小康社会的强大思想武器。

新中国成立以来，特别是改革开放以来，我国取得了举世瞩目的发展成就，从生产力到生产关系、从经济

基础到上层建筑都发生了意义深远的重大变化。同时，我国仍处于并将长期处于社会主义初级阶段的基本国情没有变，人民日益增长的物质文化需要同落后的社会生产之间的矛盾这一社会主要矛盾没有变。随着经济体制深刻变革、社会结构深刻变动、利益格局深刻调整、思想观念深刻变化，我国的发展既蕴涵着巨大的发展潜力和发展空间，也承受着来自人口资源环境等方面约束的巨大压力。当前我国正处在改革发展的关键阶段，经济社会发展出现了一些过去未曾凸显的阶段性特征，这些新的阶段性特征就是社会主义初级阶段基本国情在新世纪新阶段的具体表现。实现什么样的发展、怎样发展，突出地摆在了我们面前。科学发展观正是为了解决新问题提出来的，它针对我国发展过程中一些领域和方面出现的发展不够平衡问题，着眼于把握发展规律、创新发展理念、转变发展方式、破解发展难题，进一步提出了解决城乡、区域、经济社会、人与自然发展不平衡、不协调的思路，深刻反映了我国经济社会发展进入关键时期的新要求。要在新的历史起点上开拓中国特色社会主义更为广阔的发展前景，就

必须把科学发展观作为经济社会发展的重要指导方针，更加自觉地走科学发展道路。

在当代中国，我们党的历史使命是领导全国各族人民建设中国特色社会主义，实现中华民族伟大复兴。为了推进中国特色社会主义事业，我们党不断思考和研究这一事业所包含的各方面的目标、任务，逐步形成和完善我国经济社会发展的总体布局。党的十二届六中全会明确提出我国社会主义现代化建设的总体布局是：以经济建设为中心，坚定不移地进行经济体制改革，坚定不移地进行政治体制改革，坚定不移地加强精神文明建设，并且使这几个方面互相配合，互相促进。党的十五大、十六大进一步明确了我国社会主义经济建设、政治建设、文化建设全面发展的目标和政策，深化了对总体布局的认识。党的十六大以后，在科学发展观的指导下，我们党提出了构建社会主义和谐社会的重大战略任务，进一步形成了中国特色社会主义经济建设、政治建设、文化建设、社会建设“四位一体”的总体布局，丰富和完善了中国特色社会主义发展道路、发展模式、发展战略。因此，科学发展观对于发展中国特色社会主义具有长远的指导

我国发展的新的阶段性特征

进入新世纪新阶段，我国发展呈现一系列新的阶段性特征，主要是：经济实力显著增强，同时生产力水平总体上还不高；社会主义市场经济体制初步建立，同时影响发展的体制机制障碍依然存在；人民生活总体上达到小康水平，同时收入分配差距拉大趋势还未根本扭转；协调发展取得显著成绩，同时缩小城乡、区域发展差距和促进经济社会协调发展任务艰巨；社会主义民主政治不断发展，同时民主法制建设与扩大人民民主和经济社会发展的要求还不完全适应；社会主义文化更加繁荣，同时人民精神文化需求日趋旺盛，人们思想活动的独立性、选择性、多变性、差异性明显增强；社会活力显著增强，同时社会建设和管理面临诸多新课题；对外开放日益扩大，同时面临的国际竞争日趋激烈，统筹国内发展和对外开放要求更高。

经济建设、政治建设、文化建设、社会建设全面推进

意义，是发展中国特色社会主义必须坚持和贯彻的重大战略思想。

不断增强贯彻落实科学发展观的自觉性和坚定性

高度重视理论建设，是我们党的优良传统；用发展着的马克思主义指导新的实践，是我们从胜利走向胜利的基本经验。“党的理论创新每推进一步，理论武装就要跟进一步。”科学发展观是在全面建设小康社会实践中形成的重大理论创新成果，对于我们党和国家事业的发展来说，当前和今后很长时期内最关键的是坚持用科学发展观武装头脑、谋划发展、解决问题、推动工作。只有深入贯彻落实科学发展观，着力解决面临的各种矛盾和问题，才能使中国特色社会主义道路越走越宽广，才能让当代中国马克思主义放射出更加灿烂的真理光芒。我们要深入学习领会科学发展观，全面把握科学发展观的科学内涵、精神实质和根本要求，进一步增强贯彻落实科学发展观的自觉性和坚定性。

深入贯彻落实科学发展观，需要从多方面作出不懈努力。一是要始终坚持党的“一个中心、两个基本点”的基本路线。深刻认识以经济建设为中心是兴国之要，四项基本原则是立国之本，改革开放是强国之路。要把以经济建设为中心和坚持四项基本原则、坚持改革开放统一于中国特色社会主义的伟大实践，为科学发展提供坚强政治保证。二是要积极构建社会主义和谐社会。按照民主法治、公平正义、诚信友爱、充满活力、安定有序、人与自然和谐相处的总要求和共同建设、共同享有的原则，着力解决人民群众最关心、最直接、最现实的利益问题，保障社会公平正义，不断促进社会和谐，努力形成全体人民各尽其能、各得其所而又和谐相处的局面，为科学发展创造良好社会环境。三是要继续深化改革开放。把改革创新精神贯彻到治国理政的各个环节，毫不动摇地坚持改革方向，完善社会主义市场经济体制，推进各方面体制改革创新。既要加快重要领域和关键环节的改革步伐，又要提高改革决策

人民网网友关于科学发展观的留言

★科学发展观的提出是来自于实践的呼唤、现实的要求，同时也是经验的总结和理论的深化。科学发展观追求的是经济、政治、文化、社会各个领域的可持续发展，科学发展观可挖掘的深刻内涵与重大意义远远没有穷尽。

★要把科学发展观真正落到实处，说一千道一万，必须建立起有利于科学发展的体制机制。

★一个国家坚持什么样的发展观，对这个国家的发展会产生重大影响。坚持科学发展观，符民意、顺民心，必将引领中国这辆和谐号列车又好又快地昂首前行，造福华夏世世代代。

贯彻节能减排方针，关停小火电，走可持续发展之路

的科学性，增强改革措施的协调性，为科学发展提供强大动力和体制保障。四是要切实加强和改进党的建设。把提高党的执政能力、保持党的先进性体现到领导科学发展、促进社会和谐上来，落实到引领社会发展进步、更好地代表和实现最广大人民的根本利益上来，使党的思想、组织、作风、制度和反腐倡廉建设更加符合科学发展观的要求，为科学发展提供可靠的政治和组织保障。

深入贯彻落实科学发展观，重在落实。在开展深入学习实践科学发展观活动中，要始终坚持理论联系实际的马克思主义学风，紧紧围绕全面建设小康社会的奋斗目标，围绕推动科学发展、促进社会和谐的基本要求，科学分析我国全面参与经济全球化的新机遇新挑战，全面认识工业化、信息化、城镇化、市场化、国际化深入发展的新形势新任务，深刻把握我国发展面临的新课题新矛盾，着力转变不适应不符合科学发展观的思想观念，着力解决影响和制约科学发展的突出问题，着力构建充满活力、富有效率、更加开放、有利于科学发展的体制机制，把全社会的发展积极性引导到科学发展上来，把科学发展观贯彻落实到经济社会发展各个方面。要做到学以致用、用以促学、学用相长，自觉把科学发展观的要求转化为谋划发展的正确思路、促进发展的政策措施、领导发展的实际能力，加快转变经济发展方式，真正做到凡是符合科学发展观要求的就要全力以赴地去做，不符合的就要毫不含糊地去改，努力使深入贯彻落实科学发展观的过程成为把马克思主义基本原理同中国特色社会主义新的伟大实践相结合的过程，成为新的历史起点上坚持和发展中国特色社会主义理论体系的过程，更好地推动经济社会又好又快发展。

广大党员争当贯彻落实科学发展观的先锋

深度阅读

- 胡锦涛：《高举中国特色社会主义伟大旗帜　为夺取全面建设小康社会新胜利而奋斗——在中国共产党第十七次全国代表大会上的报告》，人民出版社 2007 年 10 月版。

相关链接

- 《求是》评论员：《切实增强贯彻落实科学发展观的自觉性和坚定性》，《求是》2007 年第 24 期。

3

发展中国特色社会主义的必由之路

——为什么说改革开放是决定当代中国命运的关键抉择

“2008年，对中国人民来说，是十分重要的一年。我们将隆重纪念改革开放30周年。”这是2008年新年钟声即将敲响之际，胡锦涛同志发表新年贺词时说的话，充分表达了全党全国各族人民的共同心声。

1978年，我们党召开了具有重大历史意义的十一届三中全会，开启了改革开放新时期。从那时以来，改革开放成为当代中国的主旋律，历史性地改变了当代中国的面貌。今天，隆重纪念改革开放30周年，回顾伟大进程，展示巨大成就，总结成功经验，必将有助于我们更高地举起中国特色社会主义伟大旗帜，坚持改革开放，着力构建充满活力、富有效率、更加开放、有利于科学发展的体制机制，进一步发展社会主义中国，谱写人民美好生活新篇章。

党在新的时代条件下带领人民进行的新的伟大革命

1978年12月的一个冬夜，在安徽省凤阳县小岗村，21个农民在一起立下了一份生死文书：我们分田到户，每户户主签字盖章，如以后能干，每户保证完成每户的全年上交和公粮，不再向国家伸手要钱要粮。如不成，我们干部坐牢杀头也甘心，大家社员也保证把我们的小孩养活到十八岁。这一“离经叛道”的行为如石破天惊，成为引发中国改革的先声。

安徽凤阳小岗村大包干纪念馆

社会主义基本制度的建立，是中国社会进步的历史飞跃。但是，在中国这样一个经济文化比较落后的东方大国如何建设社会主义，是一个全新的课题。在当时的历史条件下，我们主要借鉴苏联模式，建立起一套高度集中的计划经济体制。它对于在较短的时间内建立起比较完备的工业体系和社会主义经济基础，曾发挥过重要作用。后来，这套计划经济体制越来越不适应我国现代化建设的要求。同时，从1958年“大跃进”开始，党内又出现了“左”的错误，直到被林彪、“四人帮”所利用，最终酿成“文化大革命”十年内乱，使国民经济到了崩溃边缘。

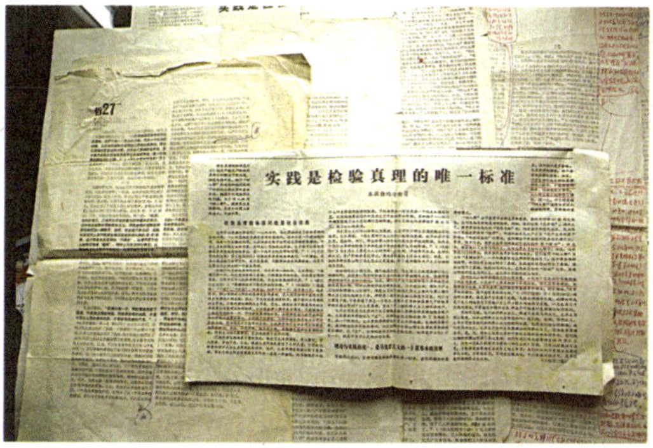

刊有《实践是检验真理的唯一标准》文章的《光明日报》和修改过的清样

党的十一届三中全会是中国特色社会主义道路的伟大起点，图为广大群众在认真学习全会精神

粉碎“四人帮”后，中国百业待举。但是，“两个凡是”的错误方针使党和国家的工作在前进中出现徘徊的局面。在重大历史关头，邓小平等老一辈无产阶级革命家清醒地认识到，只有通过拨乱反正，彻底否定“文化大革命”的错误理论和实践，同时正确评价毛泽东同志的历史地位并坚持毛泽东思想，才能带领全党全国各族人民走出“十年内乱”的困境；要解决我国旧体制的问题和弊端，充分发挥人民群众的积极性，解放和发展社会生产力，就必须下决心进行改革；要追赶时代前进的潮流，也必须实行改革开放。20 世纪 70 年代在世界范围内蓬勃兴起的新科技革命推动世界经济以更快的速度向前发展，我国经济实力、科技实力与国际先进水平的差距明显拉大，面临着巨大的国际竞争压力。因此，以邓小平同志为代表的中国共产党人，坚持解放思想、实事求是，冲破“两个凡是”的禁锢，果敢地面对现实，总结经验，纠正错误，重新奋起，实行改革开放，开辟了一条中国特色社会主义伟大道路。

中国特色社会主义道路，是以党的十一届三中全会为起点开辟的。在邓小平同志的领导下和老一辈无产阶级革命家的支持下，党的十一届三中全会高度评价关于真理标准问题的讨论，重新确立马克思主义的思想路线、政治路线和组织路线，毅然抛弃“以阶级斗争为纲”的错误方针，把全党全国的工作中心转移到社会主义现代化建设上来，果断作出了改革开放的战略决策。党在思想、政治、组织等领域的全面拨乱反正，是从这次全会开始的。伟大的社会主义改革开放，是由这次全会拉开序幕的。党的十一届三中全会实现了具有深远历史意义的伟大转折，成为我们党历史上一座重要的里程碑而载入史册。

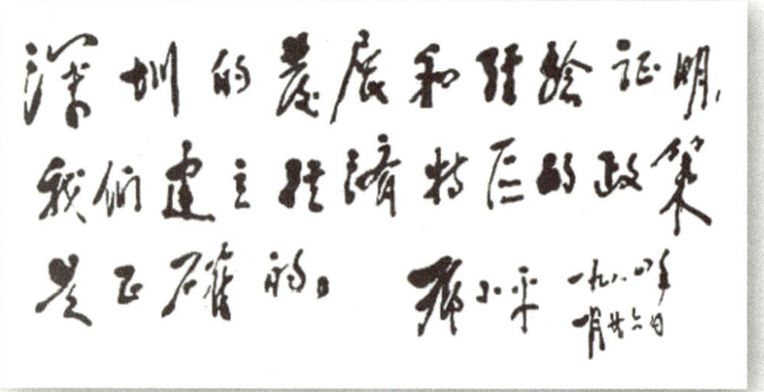

1984年1月26日，邓小平为深圳经济特区题词

我国仍处于并将长期处于社会主义初级阶段。实行改革开放，既是社会生产力发展的内在要求，也是社会主义制度自我完善和发展的必然要求。改革的性质同过去的革命一样，也是为了扫除发展社会生产力的障碍，使中国摆脱贫穷落后。从一定意义上说，改革也是一场革命。改革既从根本上改变束缚我国生产力发展的经济体制，又涉及政治、文化、科教、社会等领域，是一场全面改革。党的十七大报告指出：“改革开放是党在新的时代条件下带领人民进行的新的伟大革命，目的就是要解放和发展社会生产力，实现国家现代化，让中国人民富裕起来，振兴伟大的中华民族；就是要推动我国社会主义制度自我完善和发展，赋予社会主义新的生机活力，建设和发展中国特色社会主义；就是要在引领当代中国发展进步中加强和改进党的建设，保持和发展党的先进性，确保党始终走在时代前列。”因此，这场改革是在坚持社会主义基本原则的前提下，适应时代发展的要求，对生产关系和上层建筑中某些不合理的方面和环节进行革命性的变革，

进一步从体制机制上焕发出社会主义的生命力和优越性。如果说，我们党领导的新民主主义革命和社会主义革命的伟大胜利，建立了社会主义基本制度，开辟了人民当家作主的中国历史新纪元，那么，我们党领导的改革开放这场新的伟大革命，则开辟了社会主义制度自我完善和社会主义现代化建设的历史新时期。

邓小平关于改革开放的重要论述

“改革是中国的第二次革命。”

“如果现在再不实行改革，我们的现代化事业和社会主义事业就会被葬送。”

“不坚持社会主义，不改革开放，不发展经济，不改善人民生活，只能是死路一条。”

发展中国特色社会主义的强大动力

“雪消门外千山绿，花发江边二月晴。”以党的十一届三中全会为标志，我国进入了改革开放和社会主义现代化建设历史新时期。从那时以来，中国共产党人和中国人民以一往无前的进取精神和波澜壮阔的创新实践，谱写了中华民族自强不息、顽强奋进新的壮丽史诗，中国人民的面貌、社会主义中国的面貌、中国共产党的面貌发生了历史性变化。

新时期最鲜明的特点是改革开放。从农村到城市、从经济领域到其他各个领域，全面改革的进程势不可当地展开了；从沿海到沿江沿边，从东部到中西部，对外开放的大门毅然决然地打开了。这场历史上从未有过的大改革大开放，极大地调动了亿万人民的积极性，使我国成功实现了从高度集中的计划经济体制到充满活力的社会主义市场经济体制、从封闭半封闭到全方位开放的伟大历史转折。

西部大开发成就卓著

中部地区经济社会步入高质量发展轨道

新时期最显著的成就是快速发展。改革开放30年，不过是人类历史的一瞬间。然而，中华民族的进取却彪炳千古。我们这样一个人口多、底子薄的发展中大国，以世界上少有的速度持续快速发展起来。我国经济从一度濒于崩溃的边缘发展到总量跃至世界第四、进出口总额位居世界第三、外汇储备居世界第一位，国内经济总量占世界经济总量的比重由1978年的1%到2007年的5%以上，人民生活从温饱不足发展到总体小康，农村贫困人口从2.5亿多减少到1000多万。据世界银行公布的数字表明：近25年来，全人类取得的扶贫事业成就中，67%的成就应归功于中国。我国的综合国力增强了，国际地位提高了，人民生活显著改善了，各项事业蓬勃发展了。中国的发展，不仅使中国人民稳定地走上富裕安康的广阔道路，而且为世界经济发展和人类文明进步作出了重大贡献。

新时期最突出的标志是与时俱进。我们党在领导人民进行改革开放实践的过程中，坚持马克思主义的思想路线，自觉顺应时代潮流和人民愿望，不断探索和回答什么是社会主义、怎样建设社会主义，建设什么样的党、怎样建设党，实现什么样的发展、怎样发展等重大理论和实际问题，不断推进马克思主义中国化，形成了中国特色社会主义理论体系，使社会主义和马克思主义在中国大地上焕发出勃勃生机。可以说，改革开放每一步发展都呼唤着理论创新，党的理论每一次创新都推动着改革开放进入一个新的天地。一部改革开放的历史，就是党在新时期理论和实践创新的历史，就是用马克思主义中国化最新成果推动中国社会改革发展的历史，就是中国特色社会主义理论体系创立形成发展的历史。

东部地区不断实现新跨越

东北老工业基地走向全面振兴

实践充分表明，改革开放是决定当代中国命运的关键抉择，是发展中国特色社会主义、实现中华民族伟大复兴的必由之路。这些年来，我们之所以能够在国际风云变幻中站稳脚跟，之所以能够经受住国内政治风波、经济风险以及严重自然灾害等方面的严峻考验，使社会主义现代化建设的航船始终沿着正确方向破浪前进，就是因为进行了改革开放；而改革开放以来我们取得一切成绩和进步的根本原因，归结起来就是开辟了中国特色社会主义道路，形成了中国特色

> **一位网民的激情留言**
>
> 从神舟五号、六号载人飞船圆满升空，到嫦娥一号成功奔月；从西气东输全线贯通，到青藏铁路跃上世界屋脊；从抗击非典疫情，到抗震救灾斗争取得重大阶段性成果……伟大祖国正日益强盛！作为一名中国人，我的自豪感日益强烈！

社会主义理论体系。中国特色社会主义同改革开放相伴相生、相融相进。中国特色社会主义之所以具有蓬勃的生命力，就在于它是实行改革开放的社会主义；我国的改革开放之所以能够顺利推进，就在于它是有利于发展中国特色社会主义的改革开放。只有社会主义才能救中国，只有改革开放才能发展中国、发展社会主义、发展马克思主义。

坚定不移地把改革开放伟大事业推向前进

在迎来改革开放30周年这样一个重要历史时刻，党的十七大报告对改革开放的历史进程作了大跨度的回顾总结，深刻阐述了改革开放的宝贵经验，为我们坚定不移地把改革开放伟大事业继续推向前进指明了方向。

在我国改革开放取得辉煌成就的同时也必须看到，深化改革、扩大开放的任务仍然十分艰巨。社会主义市场经济体制已初步建立，但还不成熟、不完善，在改革和发展过程中也不断产生新问题新矛盾，经济、政治、文化、社会的发展仍然要依赖于体制的改革与创新。党的十七大报告指出："改革开放作为一场新的伟大革命，不可能一帆风顺，也不可能一蹴而就。最根本的是，改革开放符合党心民心、顺应时代潮流，方向和道路是完全正确的，成效和功绩不容否定，停顿和倒退没有出路。”因此，在新的历史条件下，我们不能因改革开放的伟大成就而看不到前进中面临的困难和问题，也不能因前进中出现的困难和问题而动摇改革开放的决心和信心，而要把改革创新精神贯彻到治国理政的各个环节，坚定不移地推进改革开放，冲破一切妨碍科学发展的思想观念，改变一切束缚科学发展的做法和条条框框，革除一切影响科学发展的体制机制的弊端，不断完善社会主义市场经济体制，推进各方面体制改革创新，为发展中国特色社会主义提供强大动力和体制保障。

我们在毫不动摇地坚持改革方向的同时，要着力提高改革决策的科学性，增强改革措施的协调性。当前，我国经济社会发展中存在着经济结构不合理、经济增长方式粗放、社会事业发展滞后等问题。面对这些错综复杂的问题，改革的难度越来越大，改革的面越来越宽，牵扯的利益矛盾越

自主创新为经济社会发展提速

今日深圳、上海浦东高楼林立，发展形势喜人

来越复杂，群众要求共享改革成果的期望越来越强烈，对各项改革措施协调配套的要求也越来越高。这就要求我们把继续深化改革开放与深入贯彻落实科学发展观有机地统一起来，善于从社会主义现代化建设的整体格局进行思考和展开，作出符合科学发展观的改革决策，努力使经济体制改革与政治体制改革、文化体制改革、社会体制改革相互衔接，形成合力。

新时期我国改革和建设的巨大成就

从1978年到2007年，我国经济实现了跨越式发展，国内生产总值从3645.2亿元增长到246619亿元，年均增长速度接近10%，经济总量跃升至世界第四位；粮食、棉花、肉类、钢铁、煤炭、化肥、水泥等主要农产品和工业品产量居世界首位；进出口贸易总额从206.4亿美元提高到21738亿美元，成为世界第三大贸易国；外汇储备由1.67亿美元增加到15282亿美元，位居世界首位；城镇居民人均可支配收入由343.4元增长到13786元；农民人均纯收入由133.6元增长到4140元。同时，政治建设、文化建设、社会建设也取得举世瞩目的成就，综合国力显著增强，国际地位不断提升，社会主义现代化建设进入一个新的发展阶段。

回顾改革开放30年成就，令人鼓舞；展望改革开放未来前景，催人奋进。在回顾历史、展望未来的时候，我们要永远铭记，改革

“十个结合”：改革开放的宝贵经验

在改革开放的历史进程中，我们党把坚持马克思主义基本原理同推进马克思主义中国化结合起来，把坚持四项基本原则同坚持改革开放结合起来，把尊重人民首创精神同加强和改善党的领导结合起来，把坚持社会主义基本制度同发展市场经济结合起来，把推动经济基础变革同推动上层建筑改革结合起来，把发展社会生产力同提高全民族文明素质结合起来，把提高效率同促进社会公平结合起来，把坚持独立自主同参与经济全球化结合起来，把促进改革发展同保持社会稳定结合起来，把推进中国特色社会主义伟大事业同推进党的建设新的伟大工程结合起来，取得了我们这样一个十几亿人口的发展中大国摆脱贫困、加快实现现代化、巩固和发展社会主义的宝贵经验。

开放伟大事业，是在以毛泽东同志为核心的党的第一代中央领导集体带领全党全国各族人民建立新中国、取得社会主义革命和建设伟大成就以及艰辛探索社会主义建设规律取得宝贵经验的基础上进行的，是以邓小平同志为核心的党的第二代中央领导集体带领全党全国各族人民开创的，是以江泽民同志为核心的党的第三代中央领导集体带领全党全国各族人民继承、发展并成功推向21世纪的。党的十六大以来，以胡锦涛同志为总书记的党中央坚定不移地把改革开放伟大事业继续推向前进。只要我们更高地举起中国特色社会主义伟大旗帜，努力在继续解放思想上迈出新步伐、在坚持改革开放上实现新突破、在推动科学发展上取得新进展、在促进社会和谐上见到新成效，就一定能够夺取全面建设小康社会的新胜利，中华民族伟大复兴的百年梦想必将成为光辉的现实。

深度阅读

- 胡锦涛：《继续把改革开放伟大事业推向前进》，《求是》2008年第1期。

相关链接

- 国防大学邓小平理论和“三个代表”重要思想研究中心：《改革开放：发展中国特色社会主义的必由之路》，《光明日报》2007年12月25日。

4

抗震救灾　众志成城

——为什么说抗震救灾斗争彰显了伟大的民族精神

“没有哪一次巨大的历史灾难，不是以历史的进步为补偿的。”恩格斯的这句名言，在2008年中华民族惊天地、泣鬼神的抗震救灾斗争中，再一次得到了深刻印证。

5月12日14时28分，四川省汶川县发生里氏8.0级特大地震。面对这场新中国成立以来破坏性最强、波及范围最广、救灾难度最大的灾难，在以胡锦涛同志为总书记的党中央坚强领导下，全党全军全国

5月19日凌晨4时58分，北京天安门广场下半旗以表达全国各族人民对四川汶川大地震遇难同胞的深切哀悼

各地各部门紧急行动起来支援灾区

各族人民万众一心、众志成城，各地区各部门各方面紧急行动、全力以赴，灾区广大干部群众不屈不挠、奋起自救，全社会奉献爱心、倾力支援，形成了抗击地震灾害的强大力量，迅速打响了气壮山河、感天动地的抗震救灾战斗。巨大的自然灾难在给中华民族带来巨大悲伤的同时，也使我们伟大的民族精神在剧创中迸发、在苦难中升华，铸造了一座中华民族精神新的历史丰碑。

抗震救灾展现中国共产党光辉形象和社会主义制度巨大优越性

“任何困难都难不倒英雄的中国人民！”这是胡锦涛总书记站在汶川地震废墟上发出的铿锵有力、饱含深情的宣示，给奋力抗震救灾中的全国人民以极大鼓舞，也是众志成城抗震救灾的真实写照。大灾之后，发生在神州大地上的一切无不证明，越是危难时刻，中国共产党的中流砥柱作用越突出，社会主义制度能够集中力量办大事的优越性越突出，中华民族不屈不挠、顽强奋斗的英雄气概越突出。在那些难忘的日日夜夜，举国上下齐心协力，生死营救气吞山河，各界援助感天动地，无私奉献爱心潮涌，谱写了一曲中华民族自强不息、共克时艰的壮丽凯歌。

人民安危牵动着中南海。汶川大地震发生后，胡锦涛总书记立即作出重要指示，多次主持召开中央政治局常委会议和政治局会议，全面部署抗震救灾工作，号召全党、全军、全国各族人民万众一心、众志成城，迎难而上、百折不挠，发扬一方有难、八方支援，自力更生、艰苦奋斗的精神，共同夺取抗震救灾斗争的胜利。国务院迅速成立抗震救灾总指挥部。党和国家领导人不顾余震危险，亲临一线指挥，与人民群众和衷共济、共渡难关。在抗震救灾的危急时刻，胡锦涛总书记的身影出现在四川、陕西、甘肃地震灾区最前线，察看灾情，慰问群众，指导工作；温家宝总理在地震当天赶赴灾区之后，于5月22日和6月5日再赴灾区；中央其他领导同志也都出现在抗震救灾第一线。

按照中央的部署，中央各部门和各地政府紧急行动起来，把抗震救灾作为最重要最紧迫的任务，全面展开抗震救灾工作。

灾情就是命令，时间就是生命。解放军和武警部队迅速组成紧急救援队，空降兵从天而下，更多的部队连续几十个小时急行军，披荆斩棘，以最快速度奔赴抗震救灾第一线，创下了短期内运兵逾10万的纪录。人民子弟兵不畏艰险，不怕疲劳，在灾情复杂的废墟前，与时间和死神赛跑，用自己的血肉之躯，谱写了一首首悲壮感人的延续生命之歌，充分发挥了突击队和生力军的作用。在条件最艰苦、环境最险恶、人民群众最需要的地方，人民子弟兵无不冲锋在前、吃苦在先，用坚韧、用毅力、用忠诚诠释着“最可爱的人”的时代内涵，再一次成为感动中国的英雄群体。

汶川大地震造成极大破坏

四川汶川大地震是历史罕见的。一是强度烈度高。震级达里氏8级，最大烈度达11度。二是影响范围广。地震波及四川、甘肃等16个省区市，灾区总面积44万平方公里，受灾人口4561万人。三是余震频次多。截至6月16日12时，主震区已累计监测到余震12437次。四是救灾难度大。重灾区多为交通不便的高山峡谷地带。这次地震造成极大破坏。一是人员伤亡惨重。截至6月16日12时，四川汶川地震已造成69170人遇难，374159人受伤，失踪17426人。二是房屋大面积倒塌。倒塌房屋652．5万间，损坏房屋2314．3万间。此外，基础设施严重损毁，次生灾害多发，正常生产生活秩序受到严重影响。滑坡、崩塌、泥石流频发，江河阻塞形成堰塞湖35处，2385座水库一度出现不同程度险情。由于余震仍然不断，灾害所造成的损失可能更为严重。

惨烈的地震展现给世人的不只是悲痛哀伤，更有时时闪现、处处涌动的英雄壮举和奉献精神。人们不会忘记，父母张开双臂把生的希望留给孩子，老师俯首弯身为学生撑起生命的港湾，这些大爱无垠、舍己献身的事迹令人热泪盈眶。人们更不会忘记，当地震袭来时，灾区的各级党委、政府坚强有力，党员干部奋不顾身，关键时刻站得出来，生死关头豁得出去。四川省组建各类党员抢险队、党员突击队1.82万多个，参与党员达118.3万余人。许多党员干部刚刚从废墟中爬出来，顾不上寻找自己的亲人，就去抢救身边的人；有的同志虽然失去爱人、父母、孩子，但很快擦干眼泪投入救灾工作，这一切充分见证了他们对人民群众的无限忠诚。

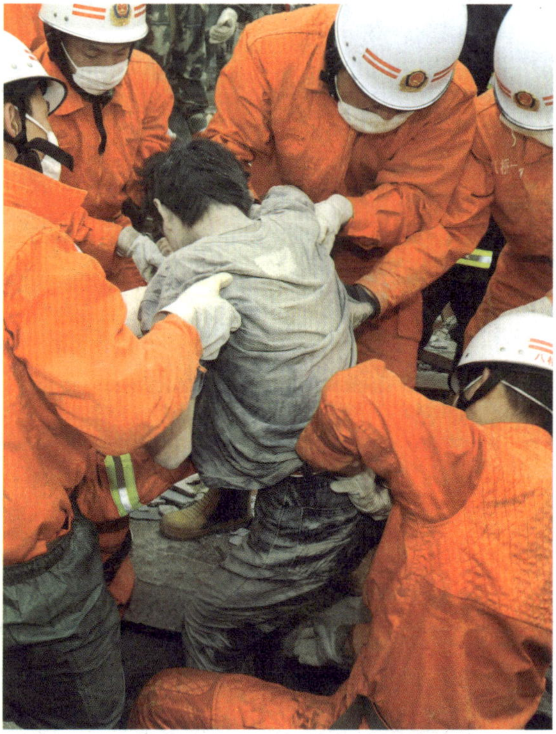

子弟兵奋力抢救生命

灾难无情，人间有爱。一方有难，八方支援。地震发生后，全国人民火速行动起来，在危急之际，纷纷奉献爱心，伸出援助之手，形成了抗震救灾的强大合力。各地各部门一支支救援队伍、一批批救灾物资以最快速度源源不断地抵达灾区，一批批社会志愿者们也奔赴抗震救灾最前线。白衣天使们以高尚的医德、精湛的医术和悉心的照料，托起了灾区一个又一个生命的希望。社会各界和香港同胞、澳门同胞、台湾同胞以及海外华侨华人都奉献爱心、倾力支援，有钱出钱、有力出力，排起长队无偿献血，慷慨解囊捐钱捐物，心手相牵，同舟共济。

生命高于一切！这是抗震救灾中最让人感动的地方。“抢救人民群众生命是首要任务”；“只要有一线希望，只要有一点生还可能，我

在全国哀悼日里，全国各地各族人民以各种方式为汶川大地震遇难者默哀

们就要作出百倍努力”，党和政府始终把确保人民群众生命安全放在首位的坚定信念，支撑着神凝情牵的举国大救援。第一时间发布信息，争分夺秒抢救生命，尽全力医治受伤群众，在共和国历史上第一次为自然灾害中的遇难者设立全国哀悼日，降半旗向遇难同胞志哀……这一切，都真切体现了对人民生命的尊重，体现了我们党以人为本、执政为民的理念和关爱生命、心忧百姓的博大情怀。在那三天全国哀悼日里，山川同悲、万民齐哀的国殇气氛，是如此庄严、凝重、悲壮，感染着每个中国人；亿万人民在同一时刻的肃立默哀，更是让我们彼此听到了心音：送别逝者，擦干眼泪，挺直脊梁，奋力前进！

沧海横流，方显英雄本色。经过全党全军全国各族人民艰苦卓绝的努力，抗震救灾斗争取得了重大阶段性成果。这场斗争充分表明中国共产党是中国人民的主心骨，是战胜一切艰难险阻的坚强领导核心。面对特大地震灾害，我们党坚强领导、果断决策，最广泛地凝聚起人民群众的共识，最大限度地调动起蕴藏在人民群众中的伟大力量，从容应对最严峻的挑战，显示出有效驾驭复杂局面的卓越能力，受到人民群众的衷心爱戴，赢得了国际社会的普遍赞誉。这场斗争充分表明中国特色社会主义具有强大的生命力，是战胜一切艰难险阻的制度保证。面对特大地震灾害，我们能够迅速举全国之力投入抗震救灾，形成一切为了灾区、一切支援灾区的生动局面，救援速度最快，动员范围最广，投入力量最大，显示出社会主义制度的巨大优越性。这场斗争充分表明人民军队是国家和人民利益的忠实捍卫者，是战胜

一方有难 八方支援

抗震救灾进展情况

按照中央的部署，抗震救灾工作有力有序有效，取得了重大阶段性成果。最大程度抢救了被困群众，受灾群众基本生活初步得到安排。截至6月16日12时，因地震受伤住院治疗累计95732人（不包括灾区病员人数），已出院79008人，仍有14094人住院，其中四川转外省市伤员仍住院8621人，共救治伤病员1649460人次；各级政府共投入抗震救灾资金538.64亿元。中央财政投入492.46亿元，其中，应急抢险救灾资金192.46亿元，灾后恢复重建资金300亿元；地方财政投入46.18亿元。全国共接受国内外社会各界捐赠款物总计457.32亿元，实际到账款物441.23亿元，已向灾区拨付捐赠款物合计142.43亿元；截至15日24时，抢险救灾人员已累计解救和转移1417224人；加强防险抢险工作，抢修受损设施，至今未发生重大次生灾害；全力做好余震防范工作。

一切艰难险阻的战斗先锋。面对特大地震灾害，在人民生命安危的关键时刻，强大的人民军队挺身而出，不负党和人民的重托，以高度的政治觉悟、大无畏的牺牲精神和顽强的战斗作风，坚决完成党和人民交给的任务。这场斗争充分表明改革开放是强国之路，是战胜一切艰难险阻的重要条件。抗震救灾是对一个国家综合国力的全面检验。没有改革开放30年一心一意谋发展铸就的强大实力，就难以提供抗震救灾的技术保障和物质支持；没有改革开放30年全面推进的体制改革和制度创新，就难以形成高效的应急救援体系和国家管理能力。抗震救灾的每一个进展，都同强大的国力支撑分不开。这场斗争充分表明民族精神是中华民族的宝贵财富，是战胜一切艰难险阻的强大动力。地震发生后，地动天不塌，大灾有大爱。在共和国960万平方公里的大地上，到处洋溢着爱的暖流，凝聚着坚不可摧的精神力量！这是举世罕见的一个民族以整体的力量与巨大的自然灾害相抗争的壮举，充分展现了13亿中国人民团结起来所表现的强烈爱国之心、浓浓同胞之情、团结奋进之力，展现了中华民族伟大的民族精神。

抗震救灾精神谱写了中华民族精神的崭新篇章

一个民族的生存和发展，需要有强大的精神支撑。民族精神，是一个民族在长期的共同生活和共同实践基础上形成的，在该民族生存和发展的历史长河中逐步发展，为该民族大多数成员所认同和接受的思想意识、价值取向、道德规范、品格风范和文化传统的总和。它是一个民族的灵魂，能够使人心凝聚、精神振奋，使一个民族成为有强大生命力和凝聚力的民族。尤其在当今世界，民族精神已成为衡量一个国家综合国力强弱的重要尺度，是国家文化软实力的重要体现，是维护一个民族稳定和发展的强大精神动力。

中华文明是世界古代文明中始终没有中断、延续5000多年发展至今的文明。中华民族何以历经磨难而信念愈坚、饱尝艰辛而斗志更强，生生不息、薪火相传呢？其奥秘就是有博大精深、底蕴无穷的中华民族精神的有力支撑。中华民族优秀儿女在创造辉煌历史的进程中，依托历史悠久、富有生命力的文化传统，不断培育、积累和形成了以爱国主义为核心的团结统一、爱好和平、勤劳勇敢、自强不息的伟大民族精神。中华民族精神是中华民族生命机体不可分割的重要组成部分，是古往

救援衣物在青年志愿者中传递，爱与精神也在传递

今来千千万万中国人奋发向上、百折不挠的精神支柱，是中华民族不断发展壮大的精神动力，是我们宝贵的精神财富。

伟大长征

九八抗洪

抗雪灾

中华民族精神既是源远流长的，又是与时俱进的，总是随着时代的发展进步而不断充实和发展自己的内涵，使民族精神不断吸纳时代精神，使时代精神不断融入民族精神，实现民族性和时代性的有机统一。这就是中华民族精神始终保持强大生命力的根源所在。我们党领导全国各族人民在革命、建设和改革的伟大实践中，既珍惜祖国宝贵的文化遗产，发扬中华民族的优良传统，又紧跟时代步伐，不断结合时代和社会的发展要求，培育了井冈山精神、长征精神、延安精神、红岩精神、西柏坡精神、大庆精神、红旗渠精神、雷锋精神、铁人精神、“两弹一星”精神、九八抗洪精神、抗非典精神、载人航天精神和抗雪灾精神等等。它们都是对中华民族传统美德的继承和升华，进一步丰富和发展了中华民族精神的内容，对于夺取革命、建设、改革中的一个又一个胜利发挥了重要作用，构成了我们建设社会主义现代化的巨大精神动力。

压力与磨难催生伟大的精神，考验和挑战锤炼民族的品格。我国广大干部群众在这次抗震救灾中所表现出来的崇高精神，又一次升华了中华民族精神，为中华民族精神增添了一笔新的宝贵财富。在特大地震灾害面前，中华儿女同舟共济、生死与共，凝聚成一个休戚相依的命运共同体，表现出万众一心、众志成城、和衷共济的民族团结意识，一方有难、八方支援、守望相助的民族奉献精神，以人为本、对人负责、珍爱生命的民族价值取向，临危不惧、迎难而上、百折不挠的民族英雄气概，忠于职守、顾全大局、公而忘私的民族高尚情操，在挫折中拼搏、在逆境中奋起、自力更生、艰苦奋斗的民族自强品格，形成了凝聚人心、团结奋斗的强大精神支柱，成为新世纪新阶段社会主义核心价值体系建设的又一次生动实践。伟大的抗震救灾精神，再一次让全世界看到了中华民族的凝聚力，看到了改革开放30年来中国人民精神世界的巨大进步，看到了我们党和政府民主、开放、文明、进步和负责任的良好形象，看到了当代社会主义中国的崭新面貌。

让中华民族精神放射出更加耀眼的光芒

伟大的事业需要崇高的精神，崇高的精神推动着伟大的事业。建设中国特色社会主义，实现中华民族伟大复兴，是中国人民梦寐以求的共同愿望和庄严使命，弘扬和培育民族精神始终是建设中国特色社会主义的一项紧迫任务。我们要把弘扬和培育民族精神作为建设社会主义核心价值体系的重要任务，纳入国民教育全过程，纳入精神文明建设全过程，着力建设中华民族的共有精神家园。

当前抗震救灾斗争有力证明，伟大的民族精神是激励人们战胜困难、发愤进取的精神动力；社会主义核心价值体系植根于中华民族的血脉之中，是我们党团结带领全国人民开拓前进的精神旗帜。我们要

爱的奉献——2008宣传文化系统抗震救灾大型募捐活动5月18日在京举行，当晚即募得捐款15.14亿元

以宣传抗震救灾精神为契机，广泛开展民族精神和时代精神的宣传教育，利用一切思想文化阵地、一切精神文化产品，各类主题宣传教育、各类精神文明创建活动，大力宣传弘扬和培育民族精神的重大意义，宣传民族精神的科学内涵，宣传中华民族在5000多年历史长河中形成和发展民族精神的奋斗历程，宣传我们党领导人民在长期革命、建设和改革实践中不断丰富和发展民族精神的历史性贡献，更好地使广大干部群众认识到，伟大的民族精神过去是、现在是、将来也永远是中华民族从胜利走向胜利的强大精神力量，不断增强民族自尊心、自豪感和责任感。

榜样的力量是无穷的。注重树立先进典型，充分发挥英雄模范人物的带动、示范作用，是弘扬和培育民族精神的一条重要途径。我们在新的实践中要善于发现和推广先进典型，大力宣传改革开放和社会主义现代化建设中涌现出来的先进人物，使人们学有榜样、赶有目标。抗震救灾精神是中华民族精神在新世纪新阶段的生动体现，充分展现了当代中国人民的精神风貌，体现了中华民族精神的巨大力量，丰富了新时期思想道德建设的内涵，为加强思想道德建设注入了新的动力。我们要及时总结和宣传抗震救灾精神，大力宣传这次抗震救灾斗争中涌现出来的模范人物和先进事迹，进一步使抗震救灾精神家喻户晓、深入人心，把抗震救灾焕发出的民族精神转化为推动科学发展、促进社会和谐的强大力量。

抗震救灾精神，是我们在抗震救灾中战胜一切艰难险阻的强大动力，也是我们重建美好家园的力量源泉。当前，抗震救灾形势依然严峻，仍处在刻不容缓的紧要关头。同时，保持国民经济平稳发展面临许多新挑战，北京奥运会也日渐临近。面对十分繁重和艰巨的任务，我们要大力宣传党中央国务院关于抗震救灾工作的一系列决策和部署，大力宣传灾区党委政府全力以赴解决受灾群众生产生活困难的实际行动，大力宣传灾区人民自救自立、恢复生产重建家园的奋斗精神，大力宣传全国各地各部门和社会各界向灾区人民送温暖、献爱心的社会主义协作精神，进一步发扬抗震救灾精神。要坚持一手抓抗震救灾工作，一手抓经济社会发展。一方面，在继续做好被困群众搜救工作的同时，把安置受灾群众、恢复生产、灾后重建摆在更加突出的位置，以更加顽强的精神、更加迅速的行动、更加密切的配合，全力以赴支援灾区，扎扎实实做好抗震救灾各项工作；另一方面，切

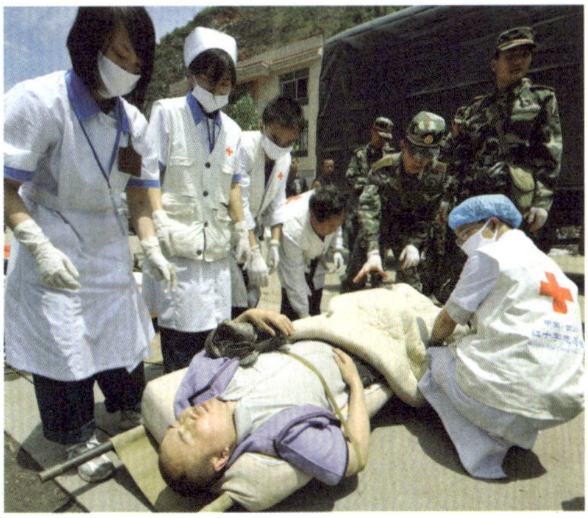

医疗工作者在灾区

面对灾难，我们众志成城

实把本地区本部门的事情办好，努力保持经济平稳较快发展和社会和谐稳定，确保北京奥运会顺利举办。我们坚信，有党中央的坚强领导，有全国各族人民的倾情相助，有灾区人民的顽强拼搏，我们一定能够克服一切艰难险阻，打赢抗震救灾和促进经济社会又好又快发展这两场硬仗。

艰难困苦，玉汝于成。对于历经磨难而不衰的中华民族而言，汶川大地震是一个悲壮的过去，更是一个伟大的开始。经过这场抗震救灾斗争的洗礼，人们进一步体会到了精神力量的巨大威力，更加深刻地认识到培育和弘扬中华民族精神的极端重要性。让我们以弘扬抗震救灾精神为契机，大力弘扬和培育中华民族精神，不断增强全民族的精神力量，不断丰富全民族的精神世界，进一步激励全党全国各族人民积极投身于改革开放和社会主义现代化建设，努力实现全面建设小康社会的奋斗目标，使我们伟大的民族永远立于不败之地。

深度阅读

- 胡锦涛：《在四川召开的抗震救灾工作会议上的讲话》，人民出版社 2008 年 5 月版。
- 国务院抗震救灾总指挥部：《关于当前抗震救灾进展情况和下一阶段的工作任务》，《人民日报》2008 年 5 月 28 日。

相关链接

- 任仲平：《灾难中挺立伟大的中国》，《人民日报》2008 年 6 月 2 日。
- 新华社记者：《万众一心，托起生命的希望》，新华社北京 2008 年 5 月 25 日电。

5

坚持好字优先 促进科学发展

——为什么要加快转变经济发展方式

鄂尔多斯亿利资源集团发展“沙产业”，变“沙害”为“沙利”

我国内蒙古西南部的鄂尔多斯，曾经是“老、少、边、贫”的典型地区，风大沙多，干旱少雨，沟壑纵横，现如今却是一个工业大市、绿色大市、畜牧业大市和文化大市。2007年该市国内生产总值达到1200亿元人民币，人均国内生产总值达1万美元，城镇化率达到61%以上，植被覆盖率达到75%以上，在中国社科院2008年《城市竞争力蓝皮书》中增长竞争力排名第一、效益竞争力名列第三。鄂尔多斯已成为塞北高原上一颗璀璨的明珠。鄂尔多斯发生巨变的奥秘，就在于以科学发展观为指导，坚持好字优先，促进经济结构优化，加快经济发展方式转变，实现发展速度与结构、质量、效益相统一，形成了生产发展、生活改善和生态良好的多赢局面。

推动经济社会发展必须坚持好字优先

党的十七大深刻阐述了科学发展观的科学内涵和精神实质，对我国发展提出了新的更高要求，强调要增强发展的协调性，努力实现经济又好又快发展。2007年12月召开的中央经济工作会议，把坚持好字优先、加快转变经济发展方式，作为实现经济社会全面协调可持续发展的基本要求。从又快又好到又好又快，从快字当头到好字优先，深化了对于发展规律的认识，体现了我们党和国家发展理念和发展方式的重大创新与转变。

“坚持好字优先”提出的过程

2006年10月，党的十六届六中全会指出，要促进经济又好又快发展。

2006年12月，中央经济工作会议强调，必须深刻认识又好又快发展是全面落实科学发展观的本质要求。

2007年6月，胡锦涛同志在中央党校发表的重要讲话中指出，要促进国民经济又好又快发展。

2007年10月，党的十七大从建设中国特色社会主义战略布局的高度，全面阐述了促进国民经济又好又快发展的问题。

2007年12月，中央经济工作会议强调，必须坚持好字优先，加快转变经济发展方式。

坚持好字优先，有着很强的现实性。改革开放30年来，我国经济以年均增长9.7%的速度持续快速发展，取得了巨大成就。但也要看到，我国经济运行中一些长期积累的突出矛盾和问题还没有得到根本

新世纪以来五个中央一号文件促进农业发展

新世纪以来，党和政府先后发布五个中央一号文件：《中共中央国务院关于促进农民增加收入若干政策的意见》(2004)、《中共中央国务院关于进一步加强农村工作　提高农业综合生产能力若干政策的意见》(2005)、《中共中央国务院关于推进社会主义新农村建设的若干意见》(2006)、《中共中央国务院关于积极发展现代农业　扎实推进社会主义新农村建设的若干意见》(2007)、《中共中央国务院关于切实加强农业基础建设　进一步促进农业发展农民增收的若干意见》(2008)，有力促进了农民增产增收，提高了农业综合生产能力，开创了社会主义新农村建设的新局面，也给农业健康发展、农民持续增收和农村长期稳定带来强劲的动力。

解决，同时又出现了一些新的情况和新的问题。我国自主创新能力不强，经济增长方式粗放，经济结构不尽合理，资源环境生态代价过大，农业基础依然薄弱，节能减排形势相当严峻，一些涉及人民群众切身利益的问题还比较突出。妥善应对各种挑战和风险，切实解决好经济发展面临的突出矛盾和问题，实现国民经济又好又快发展，需要我们深入贯彻落实科学发展观，解放思想，更新观念，坚持好字优先，推动科学发展。

坚持好字优先，就要正确处理经济发展中“好”与“快”的关系，实现速度、质量和效益相协调。衡量经济发展的状况，一个指标是速度即增长率，另一个指标是质量和效益。速度是显性的，质量和效益则是内在的。把“好”放在“快”前，就是要在“好”中求“快”，把质量和效益放在第一位，显著提高经济的质量和效益，又要保持较高的发展速度，积极扩大经济的数量和规模。

坚持好字优先，就要把加强农业基础放在重中之重的地位。随着中央一系列支农惠农政策措施的实施，社会主义新农村建设取得新进展，粮食生产能力明显增强，农民人均纯收入持续增长。但我国农业基础依然薄弱。农业基础设施脆弱、科技水平低、抗风险能力不强等问题继续存在，农民持续增收难度加大。同时，城乡居民收入差距继续扩大，已从2003年的3.23∶1，扩大到2007年的3.32∶1。这是影响和制约我国经济社会发展和现代化进程的重要因素之一。好字优先，就是要坚持城乡统筹，坚持走中国特色农业现代化道路，加快改变农业、农村、农民面貌，形成城乡经济社会发展一体化新格局。

喜获丰收

坚持好字优先，就要进一步推动区域协调发展。改革开放以来，特别是实施西部大开发、振兴东北地区等老工业基地、促进中部崛起、鼓励东部地区率先发展的区域发展总体战略以来，各地经济社会发展水平有了很大提高。据统计，从2000年到2007年，东部地区江苏省的生产总值从8554亿元增加到25560亿元，西部地区青海省从264亿元增加到760亿元。虽然东部、西部的发展都很快，但差距明显。缩小区域发展差距，促进区域协调发展，必须因地制宜，充分发挥比较优势、后发优势，加快走中国特色新型工业化道路；必须注重实现基本公共服务均等化，引导生产要素合理流动，在努力提高不同区域经济总量的同时，不断提高不同区域的人民生活水平。

坚持好字优先，就要把节约资源、保护环境放在经济发展的突出位置。当前，我国消耗高、污染多的行业和企业所占比重依然过高，重要能源资源消耗和主要污染物排放总量都居世界前列。2005年，我国国内生产总值约为2.26万亿美元，占世界生产总值的5%左右。但同期我国消费石油、原煤、粗钢、水泥和氧化铝分别约为世界消费总量的7.8%、39.6%、31.8%、47.7%和24.4%。我国经济增长付出的能源、资源代价过大，生态环境压力日益加大。加快转变经济发展方式，走全面协调可持续的科学发展之路，推进现代化与建设生态文明的有机统一，已成为经济社会发展的迫切要求。当前落实科学发展观、加强环境保护，要坚持环境保护与经济发展同步，坚持综合运用法律、经济、技术和必要的行政办法解决环境问题。

中铝贵州分公司全面实现污水“零排放”

坚持好字优先，就要高度重视改善民生，解决好人民群众的切身利益问题。科学发展是以人为本的发展，是依靠人民、造福人民的发展。人民群众的主体地位要得到高度尊重，人民群众的首创精神要得到充分发挥，人民群众的各项权益要得到切实保障。当前，要更加注重发展成果的普惠性，不断提高人民群众的收入水平，提供更多的物质文化产品和公共服务，真正做到实现好、维护好、发展好最广大人民的根本利益。

转变经济发展方式才能实现又好又快发展

加快转变经济发展方式，是总结我国现代化建设长期实践得出的重要结论，是党的十六大以来我们贯彻落实科学发展观的重要经验，是根据我国现阶段发展的新特点和新要求提出的重大战略思想。

党的十四届五中全会通过的关于“九五”计划的建议中，把经济增长方式从粗放型向集约型转变作为具有全局意义的两个根本性转变之一，强调要把提高经济效益作为经济工作的中心，向结构优化、规模经济、科技进步、科学管理要效益。经过多年努力，我国经济增长方式转变取得明显进步，经济效益不断提高。但由于我国人口多、底子薄、地区发展差距较大，并且由于受经济发展阶段的制约，我国经济增长方式的转变还没有取得根本性突破。党的十七大报告以科学发展观为指导，科学分析当前经济运行中的矛盾和问题，提出了转变经济发展方式的任务。由转变经济增长方式到转变经济发展方式，涵盖了转变经济增长方式的全部内容，同时还对经济发展理念、目的、战略、途径等提出了新的更高的要求，体现了我们党和国家经济发展理念的新变化、经济发展道路的新拓展以及对于国际环境认识的新提升。

目前我国许多钢铁企业加强节能减排工作，走循环经济之路，实现又好又快发展

加快转变经济发展方式，是坚持又好又快发展的必然要求。衡量经济发展得好不好，要看是否具有高的质量和好的效益。一是看经济增长主要靠增加物质资源消耗还是靠科技进步、劳动者素质提高、管理创新。如果主要靠增加物质资源消耗来实现经济增长，是粗放型的增长、低质量的增长，不是好的经济发展。二是看经济增长是否建立在产业结构优化和升级的基础上。如果伴随着经济增长不能同时实现产业结构的优化和升级，经济增长只能是在低层次、低水平上重复，经济效益难以有实质性的提高，这样的经济发展不是好的发展。三是看经济增长主要是由投资和出口拉动，还是由消费、投资、出口协调拉动。主要靠投资和出口拉动的经济增长，难以扩大人民的消费需求、

提高人民的生活水平，不利于改善民生，这样的经济发展也不是好的发展。

实现经济又好又快发展与转变经济发展方式之间具有内在联系，前者是后者的目的，后者是前者的基础。经济又好又快发展是符合客观经济规律的发展，其中就包含着必须要符合经济发展方式转变的规律。经济发展方式转变所呈现的规律，就是社会总需求结构、产业结构、要素结构随经济增长而不断优化和升级，这些结构的优化和升级过程，也就是不断推动经济又好又快发展的过程。离开了经济发展方式的转变，没有需求结构、产业结构、要素结构的优化和升级，经济发展既好不起来，也快不起来。因此，我们要努力适应国际环境的新变化，适应我国发展的新要求，在转变经济发展方式上取得重大突破，牢牢把握发展的主动权，在较长时期内继续保持经济平稳较快发展。

加快转变经济发展方式关键在于实现“三个转变”

来自国家发改委的数据显示，2007年，东部地区拉动经济增长的“三驾马车”中，消费增长17.09%，增幅比上年提高1.9个百分点，而投资、出口增幅均有下降。消费驱动快速发力，经济发展“三驾马车”协同带动，自主创新支撑作用凸显，东部地区转变经济发展方式呈现出新气象。东部地区新变化印证着当前我国经济发展的重大战略举措：加

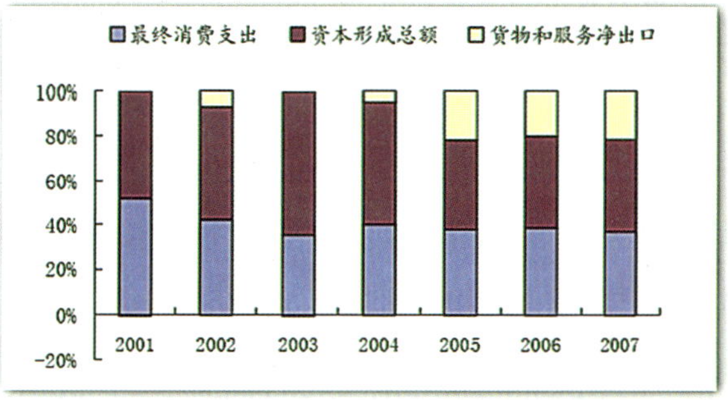

2001—2007年消费、投资、出口对国内生产总值增长的贡献率比值图

快转变经济发展方式，促进国民经济又好又快发展，大力推动经济增长由粗放型向集约型转变、由片面追求经济增长向全面协调可持续发展转变，关键在于实现“三个转变”。

一是实现经济增长由主要依靠投资、出口拉动向依靠消费、投资、出口协调拉动转变。消费、投资、出口是拉动经济增长的“三驾马车”。改革开放以来，我国经济保持快速增长，其中国内需求的贡献率曾高达91%以上。从国际比较看，我国消费增长并不慢，但投资和出口增长更快，出现了投资比重过高、贸易顺差过大、消费比重偏低的格局。投资与消费的关系失衡，使得居民生活不能随着经济快速增长而同步提高，导致生产能力相对过剩。内需不足，又加剧了经济增长对出口和投资的依赖性。而外贸顺差过大，引发诸多贸易摩擦，造成国内资金流动性过剩，反过来又助长了投资的高增长。要保持持久稳定的增长，必须扩大国内需求，鼓励合理消费，促进国民经济良性循环，不断提高人民生活水平。

我国三次产业对经济增长的贡献率（%）

年份	国内生产总值	第一产业	第二产业	第三产业
2000	100	4.4	60.8	34.8
2001	100	5.1	46.7	48.2
2002	100	4.6	49.7	45.7
2003	100	3.4	58.5	38.1
2004	100	7.8	52.2	40.0
2005	100	6.1	53.6	40.3
2006	100	5.6	55.6	38.8

资料来源：《中国统计年鉴2007年》。

提高消费对经济增长的拉动作用，需要完善收入分配政策，持续增加城乡居民收入。新世纪新阶段，我国的经济实力显著增强，把消费作为经济增长主要拉动力的条件已经具备。扩大消费需求是加快转变经济发展方式的客观要求。当前，要着力提高低收入群体收入，多渠道增加农民收入，大力开拓农村市场特别是农村消费市场，从而切实扩大消费、改善民生。

二是实现经济增长由主要依靠第二产业带动向依靠第一、第二、第三产业协同带动转变。要巩固第一产业，提升第二产业，做大第三产业。近些年来，我国第一、二、三产业都有了很大发展，但仍存在农业基础薄弱、工业素质不高、服务业发展滞后等问题。从最近几年我国各次产业对经济增长贡献率的变化情况看，第一产业随着在国民经济中的比重下降，对经济增长的贡献率也处于较低水平；第二产业对经济增长的贡献率最大，是影响国民经济增长最重要的因素；第三产业对经济增长的贡献率呈现上升趋势。

当前要大力推进产业结构优化升级，坚持走中国特色新型工业化道路，促进信息化与工业化融合，发展现代产业体系。要把实现经济增长贡献率转变的着力点放在加快第三产业的发展上，通过持续实现第三产业的高增长和提高其贡献率，相对降低第二产业的贡献率。这既是实现经济增长贡献率转变的基本思路，也是从实际出发的现实选择。

三是实现经济增长由主要依靠增加物质资源消耗向主要依靠科技进步、劳动者素质提高、管理创新转变。经济增长要素结构的不同，实质上反映了国家创新能力的强弱。改革开放以来，我们大力解放和发展社会生产力，充分发挥低成本优势，迅速扩大生产能力，许多产品产量跃居世界前列，国际市场份额不断扩大。但由于自主创新能力不足，拥有自主知识产权的产品不多。比如，由于缺乏核心技术、自主知识产权和世界知名品牌，我国企业不得不将每部手机售价的20%、计算机售价的30%、数控机床售价的20%—40%，支付给国外专利持有者。

发展中的第三产业

安装拥有自主知识产权的液力缓速节能器的新型城市客车正式投入运营

我国铁路全面实施自主创新战略取得重大成果，国产时速300公里动车组设计成功

实现我国经济向更高水平跃升，不断提高国际竞争力和抗风险能力，必须更加注重增强自主创新能力，积极促进科技成果向现实生产力转化，努力塑造新的国家竞争优势。我们要加快形成有利于自主创新的体制机制和社会氛围，加快培育创新型科技人才，充分运用后发优势实现科学技术的跨越式发展，走出一条中国特色的自主创新道路，为转变经济发展方式、推动产业结构优化升级提供有力而持久的技术支撑，加快从产业大国向工业强国转变的历史进程。

加快转变经济发展方式，必将在新一轮的发展中赢得先机。只要我们正确处理好和快的关系，坚持好字优先，加快形成符合科学发展观要求的发展方式，就能够不断开创我国经济社会又好又快发展的新局面。

深度阅读

- 曾培炎：《促进国民经济又好又快发展》，《人民日报》2007年10月30日。
- 马凯：《加快转变经济发展方式》，《解放日报》2007年11月13日。

6

物价上涨的脚步能否慢下来

——为什么要防止明显通货膨胀

当前，物价问题成为人们普遍关注的热点。2007年5月以来，我国物价总水平出现较大幅度的上涨，CPI同比呈逐月上升的态势，特别是从2007年8月份起，CPI涨幅连续5个月达到6%以上，2008年以来涨幅又有所升高。一季度CPI同比上涨8%，比上年同期升高5.3个百分点，比上年全年升高3.2个百分点。在物价的持续上涨过

什么是CPI

CPI是居民消费价格指数英文的缩写。又称生活费用价格指数、消费品价格指数。其涉及的商品包括食品、衣着、家庭设备及用品、医疗保健用品、交通和通讯工具、娱乐教育和文化用品、居住、服务项目等八大类，251个基本分类，约700个品种。居民消费价格指数采用指数商品加权平均的方法计算，是反映一定时期内城乡居民家庭所购买的生活消费品的价格和服务项目价格变动趋势和程度的相对数，用来观察和分析消费品的零售价格和服务价格变动对城乡居民实际生活费用支出的影响程度。

程中，人们感到东西贵了，钞票缩水了，资产贬值了。物价问题牵动千家万户。近一年来的物价上涨给老百姓特别是部分低收入群众生活带来不小的压力。人们希望政府能采取有力措施，把物价稳定下来，别再让CPI往上“蹿”了。如何看待这一轮的物价上涨，怎样才能缓解国内通货膨胀的压力呢？

物价上涨有缘由

“从去年10月到今年3月，一瓶酸奶涨了5毛钱，一斤肉涨了4块钱。”北京市一位退休教师感觉到“菜篮子”的负担越来越重。人们普遍感到，农副产品涨价推动的食品价格涨幅明显，成为物价上涨的主导因素。在2007年CPI上涨的4.8%中，食品价格上涨占了4个百分点，居住类价格上涨占了0.6个百分点，其他如服装、日用工业品等六类商品价格上涨只占0.2个百分点。2008年一季度，食品价格上涨21.0%，拉动价格总水平上涨6.8个百分点；居住价格上涨6.6%，拉动价格总水平上涨1个百分点；其余各类商品价格则分别略有涨跌。可以说，2007年以来的这一轮价格上涨，主要是由食品价格上涨带动的，仍然是结构性上涨而不是全局性上涨。

国内外综合因素推动2007年CPI涨幅创11年新高

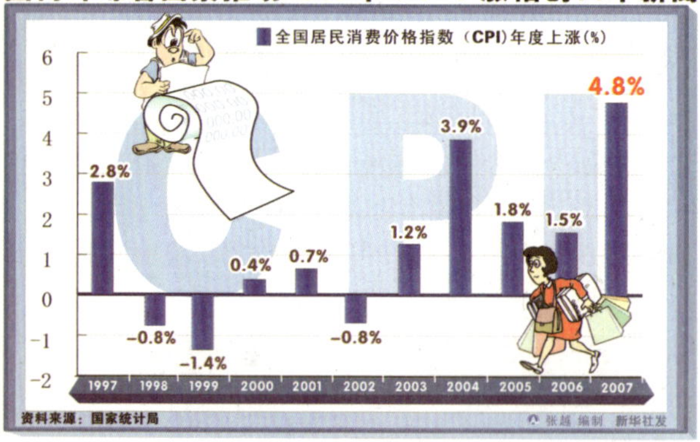

食品价格上涨有其必然性。国内农产品价格多年在低位运行，价格上涨带有恢复性。粮食和农产品价格在20世纪90年代中后期达到

峰值以后，一直持续走低。拿粮食来说，三种主要粮食：小麦、稻谷、玉米，平均收购价格1997年是每公斤1.5元，现在是每公斤1.58元，10年涨了8分钱，涨了5.3%。猪肉价格也是这样，1997年时，精瘦肉每公斤已经接近20元钱，后来一度降到12元钱，2007年五六月份才开始恢复到20元钱，现在又逐步涨到28元左右。从一定意义上讲，农产品价格适度上涨是相对于非农产品的比价关系调整的。虽然我国主要农产品价格近些年来一直处在较低水平，但化肥等农业生产资料价格却有较大幅度上升，近5年来尿素、柴油、农膜价格分别上涨26．6%、64．4%和60%。同时，农民外出务工增多，非农收入大幅度增长，种植业和养殖业比较效益下降。因此，粮食、食品和猪肉价格适度提高，也可看做是市场对农业生产成本提高的补偿，是农产品相对于非农产品的价格上调，有利于形成合理的比价关系，也有利于提高农民种粮和养猪的积极性，保障粮食和农产品供需平衡。

2007年以来农副产品价格的上涨给人民生活带来不小压力

食品价格和其他商品价格的上涨已经给人们的生活带来了很大的影响。如果任由物价上涨，就有可能引起全面的、持续的、轮番的价格上涨，进而引发明显的通货膨胀，这将给人们的生产生活造成严重影响。但从总水平上看，目前我国尚不足以构成明显的通货膨胀。当前我国总供给与总需求基本平衡。虽然投资增幅依然在高位，消费出现明显回升，出口持续较快增长，国内需求比较旺盛，但总供给扩张仍然强劲，总需求对价格总水平的推动作用比较有限。从供给能力扩张来看，近年来我国企业的劳动生产率不断提高，产业技术升级换代加快，企业对市场需求变化的反应能力不断加强。这些因素都保障了我国供给能力的持续较快增长。目前，我国商品市场70%以上的工业品和80%以上的消费品供过于求，其他商品供求基本平衡，仅有极个别商品供给相对不足。猪肉、食用植物油、粮食和食品的价格涨幅虽然较高，但只要采取有针对性的措施，增加市场供给，消除价格上涨的短期性因素，价格涨幅就会在一段时间后稳定下来并有所回落。

价格上涨压力大

“今年CPI的控制目标又是4.8%，刚好与去年CPI的实际涨幅持平。虽然这个数字看起来很熟悉，但很可能预示着一场惊心动魄的博弈。”这是首都某报对2008年政府工作报告提出CPI控制目标而抒发的一段议论。防止价格总水平过快上涨，是2008年宏观调控的重大任务。由于推动价格上涨的国际国内多方面因素还将存在，

2008年价格上涨的压力仍然很大。

那么，物价上涨的压力表现在哪些方面呢？

2008年一季度国际农产品价格上涨14.6%

粮食和部分农产品供求仍处于紧平衡状态，存在较大的价格上涨压力。到2007年，我国粮食连续四年实现增产，粮食库存充裕，有利于粮食市场的稳定。但是，由于国内土地价格、劳动力成本和农业生产资料价格不断上涨，以及11月份成品油价格上调的影响，农产品生产成本在不断上升。2008年年初严重的雨雪冰冻天气，使1.78亿亩农作物受灾，还有大量的牲畜家禽和鱼类被冻死，损失之重为历史罕见，这将对2008年农产品的供给产生影响。此外，保障农民增收、鼓励农民增产，也要保持农产品尤其是粮食价格稳中有升的势头。这些都是使得2008年的粮食和部分农产品价格仍将在高位运行的重要因素。

流动性过剩问题短期内还难以消除。流动性过剩，就是流通领域的货币过多，货币过多就会导致通货膨胀。多年来，我国由于投资增长过快，消费增长明显不足，大量产品只有对外出口，导致贸易顺差激增，且增幅过大；加上人民币币值低估，新的国际分工和产业结构转移，大量外资涌入，外汇储备急剧增长，导致由于外汇占款而投放的基础货币迅速扩张。从发展趋势看，这些因素在短期内不会有大的变化，流动性过剩也难以得到根本性缓解。

成本上升的推动作用。农产品价格继续保持在高位上运行，将使

近几年国际市场重要商品价格变动情况

据国际货币基金组织和世界银行等机构的统计，2003—2006年，国际市场原油现货价格四年涨幅分别为15.8%、30.7%、41.3%和20.5%，累计涨幅108.3%；非燃料初级产品价格四年涨幅分别为6.9%、18.5%、10.3%和28.4%，累计涨幅64.1%。其中，金属产品价格上涨幅度最大，四年涨幅分别为12.2%、36.1%、24.4%和56.5%，累计涨幅129.2%。铜、铝、锌期货价格分别从每吨2000美元、1500美元和800美元左右上涨到每吨8000美元、3000美元和4000美元以上，涨幅分别为300%、100%和320%。此前价格持续疲软甚至下跌的食品、饮料和农业原材料的价格也出现明显上涨趋势，四年累计涨幅分别为29.1%、35.2%和20.9%。在初级产品价格持续大幅上涨的同时，全球制成品价格也一改此前持续低迷甚至连续下降的局面而显著上涨，四年涨幅分别为14.3%、9.5%、3.7%和3.8%，累计涨幅为31.3%。

生活消费品生产成本上升；生活费用提高、工资提高、福利增加以及社会保障的完善等，都将推动劳动力成本的上升；随着市场化的推进、经济的发展，土地、劳动力、资金等要素价格以及能源、资源类产品价格都将趋于上升；实行节能减排，治理和保护生态环境，也会增加生产成本。这些因素都在表明，目前我国经济发展已经进入高成本的时期，成本上升将成为推动物价上涨的主要力量。

来自国际市场价格上涨的压力也在增大。目前，我国已成为世界原油、铁矿石和粮食等的消费大国，这些初级产品在国际市场上的价格上涨成为我国物价上涨的重要外部原因。国际能源资源价格近年来持续大幅走高。2007年，国际原油价格猛涨近60%，为过去10年中涨幅最大。铁矿石等资源类商品的价格变化同样引人注目。自2004年我国正式参加铁矿石价格谈判以来，国际铁矿石价格已连续4年上涨，2008年度其基准价再次上涨65%。石油、铁矿石等能源资源价格的成倍上涨，将给相关行业生产成本带来巨大压力。国际市场粮食价格不断上涨。2008年4月上旬，全球最大的大米出口国泰国B级大米报价达到每吨780—800美元，随后更是突破1000美元大关，创20多年来新高。一些粮食主产国因干旱连续两年减产，全球谷物库存将下降至35年来的最低水平；受石油价格上涨的影响，对于可用来制造生物燃料的玉米和大豆的需求增长很快；发展中国家经济增长和居民收入提高，消费升级，对粮食的需求增加……这些都导致了粮食等农产品的供给紧张和价格上涨。虽然目前我国粮食的对外依存度很低，粮食自给率一直保持在95%以上，但国际市场初级产品价格大幅上升，也会影响国内粮食价格上涨。

应当清醒地认识到，2007年价格上涨对2008年价格的翘尾影响较大，推动价格上涨的因素较多，这些因素造成的压力在短期内还难以减轻，控制物价上涨的难度加大，由结构性物价上涨演变成明显通货膨胀的风险相当大。对此必须高度重视，绝不能掉以轻心。

通货膨胀要严防

2006年以来，针对经济增长中出现的投资增长过快、信贷投放过多等问题，党中央及时采取有针对性的宏观调控措施，保证经济的平稳发展。2007年以来，为了防止经济增长由偏快转为过热、价格由结构性上涨转为全面上涨，党中央审时度势，将实行多年的稳

中央储备肉投放市场确保供应

健的货币政策调整为“适度从紧”的货币政策，一系列宏观调控措施相继出台。2007年年末举行的中央经济工作会议明确把“防止价格由结构性上涨演变为明显通货膨胀”，作为2008年宏观调控的首要任务之一。那么，我们为什么要如此重视通货膨胀问题呢？为什么要把防止明显的通货膨胀作为宏观调控的首要任务呢？

防止明显的通货膨胀有利于推动经济社会又好又快发展。在市场经济条件下，合理的价格能够有效地对资源进行配置，但当市场物价发生持续大幅上涨时，就会向人们提供一种错误的信号，引导投资需求猛涨，资源供应紧张，反过来推动整个市场物价更加猛烈地上涨，如此恶性循环，最终会给整个国民经济带来严重的后果。防止明显的通货膨胀，就是要避免这种情况出现，保持经济又好又快发展。

防止明显的通货膨胀有利于促进社会稳定。如果任由通货膨胀的趋势恶

“米袋子”省长负责制和“菜篮子”市长负责制

1995年3月，针对当时出现的粮价大幅上涨情况，中共中央、国务院制定了粮食省长负责制（俗称“米袋子”省长负责制）。其主要内容为：各省必须承担起粮食自求平衡的责任和任务，为了履行好此责任，必须稳定粮食播种面积，增加粮食产量，建立地方粮食储备。而“菜篮子”市长负责制则最早出现在20世纪80年代末期和90年代初期，当时主要是针对物价上涨、百姓“菜篮子”负担过重而实施的。

从2006年下半年起，以猪肉、禽蛋、食用油等为主的百姓生活必需品价格逐步上涨，2007年以来，物价上涨趋势更为明显，并波及其他商品价格领域。2007年7月，温家宝总理主持召开国务院常务会议，研究部署促进生猪生产发展和稳定市场供应工作，指出要落实“菜篮子”市长负责制。2007年11月，温家宝总理主持召开国务院常务会议，研究部署稳定市场供应和保障困难群众生活工作，强调落实“米袋子”省长负责制和“菜篮子”市长负责制。2008年政府工作报告又重申了这一政策。至此，时隔多年后，“米袋子”省长负责制和“菜篮子”市长负责制再次走上前台，成为增加粮油副食生产、保证市场供应和稳定物价的重要措施。

性发展，将会导致社会经济环境剧烈动荡。特别是市场价格的信号紊乱和供求关系失衡，会导致流通领域混乱，部分企业囤积商品，哄抬物价，扰乱市场秩序，引起人们对物价上涨的恐慌，容易引发抢购等非理性行为，造成社会动荡不安。

市场供应充足

为困难群众送来粮油用品

平价禽蛋蔬菜供应市民

防止明显的通货膨胀有利于改善民生。物价与民生息息相关。通货膨胀意味着货币贬值，工资缩水，实际收入水平下降。尤其是我国居民的消费支出中，食品占有的比重比较大，食品价格大幅度上涨，工薪阶层、离退休人员和低收入人群将难以承受。越是困难群体，越是贫困地区，受到的影响就越大。如果物价连续大幅上涨，就会导致部分低收入者返贫，困难群众增多，社会不稳定因素增加。防止明显的通货膨胀，就是要确保广大人民的基本生活水平不因物价上涨而下降。

防止明显通货膨胀的发生，是推动科学发展、促进社会和谐提出的新要求。只要把党中央确定的各项政策措施真正落到实处，就能实现既定目标，保持经济平稳较快增长。

多管齐下稳物价

物价问题是国民经济的综合反映。党和政府高度重视物价问题，把防止价格由结构性上涨演变为明显通货膨胀摆在更加突出的位置上，针对导致物价上涨的根本原因，已经采取和正在采取一系列控制物价过快上涨的措施。2008年的政府工作报告就防止价格总水平过快上涨提出了九项措施，概括起来可以叫做：一个根本途径、三个关键环节。

盼粮食增产，黑土地春耕忙

一个根本途径就是：一手抓增加有效供给，采取综合的扶持政策，特别是农产品、生活必需品的有效供给；一手抓抑制不合理的需求，主要是投资过快增长、货币投放过多，继续实行从紧货币政策以及抑制一些不合理的“高污染、高能耗和资源性”产品出口，促进社会总供给和总需求的基本平衡。

三个关键环节就是：一头要抓农副产品的生产和市场供应。党中央、国务院已经采取了一系列扶持粮食、生猪、油料、奶业、禽类生产的政策，正在落实。“手中有粮，心中不慌。”只要市场上不脱销、有东西，大局就能稳定。另一头要采取多种措施安排困难群众生活，缓解低收入群体和离退休人员的生活压力。要抓好对低收入群体的适当补贴，使低收入群体不因价格上涨而降低生活水平。这头稳定了，大局也能稳定。中间的流通环节，就是抓市场监管。要打击囤积居奇、哄抬

我国政府采取12项措施安排困难群众生活

1. 2008年继续提高企业离退休人员基本养老金标准，提高幅度要明显高于前3年每人每月80元的平均水平，执行时间由原定7月1日提前到1月1日。
2. 各地人民政府要在2007年8月和10月两次发放城镇低保对象临时补贴的基础上，再次适当提高城乡低保补助水平，确保困难群众生活水平不降低并有所改善。
3. 对未纳入低保范围但实际生活困难的城乡低收入居民，各地要采取临时补贴等措施救助。
4. 充分发动社会各界组织开展多种形式的捐助活动，健全完善社会化的灾害救援和救助机制。
5. 切实安排好老干部、军烈属和城市低保户、农村特困户等家庭的生活。
6. 各地要根据物价上涨幅度和当地社会平均工资水平提高情况，适当提高最低工资标准和失业保险金标准。
7. 研究提高乡村教师的工资水平，完善企业工资正常增长机制。
8. 增加医疗救助资金，扩大农村合作医疗的覆盖范围，缓解群众“看病难”的矛盾。
9. 认真落实国务院关于成品油价格调整对公益性行业的补贴政策。
10. 继续做好清理拖欠职工和农民工工资工作，确保工资按时足额发放。
11. 继续落实关于加强房地产市场调控和解决城市低收入群体住房困难的各项政策措施，增加住房供给，稳定住房价格。
12. 切实落实国务院对大中专院校学生食堂的补贴政策，根据物价上涨情况及时增加补贴资金，稳定大中专院校食堂饭菜价格。

价格、串通涨价、散布涨价谣言、蛊惑人心等违法行为，保持市场的正常秩序。

控制物价、抑制通货膨胀的任务十分艰巨、复杂，各级党委、政府思想不能麻痹，工作不能放松。同时也要看到，经过改革开放30年的快速发展，我国经济综合实力明显增强，财力、物资都比较雄厚，我们具备控制物价过快上涨的有利条件。只要认真贯彻中央精神，措施有力，我们完全有信心能够控制住物价过快上涨的局面，保持经济又好又快发展。

深度阅读

- 温家宝：《政府工作报告》，人民出版社2008年3月版。

相关链接

- 《温家宝主持召开国务院常务会议分析当前经济形势》，《人民日报》2008年4月17日。

7

理性看待股市的波动

——为什么要促进股市健康稳定发展

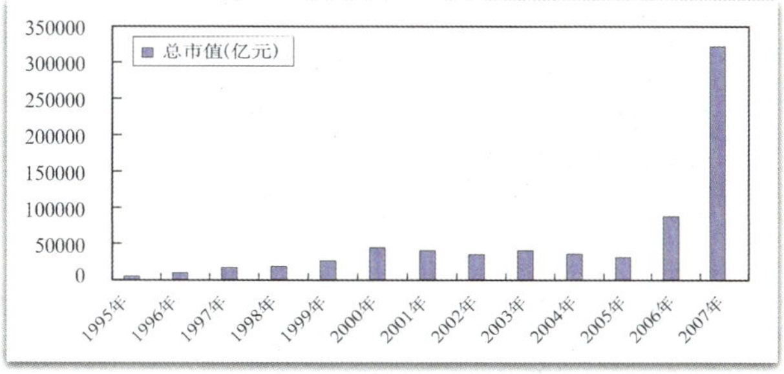

2007 年 A 股市值从 2006 年的 8.75 万亿元猛增到 32.44 万亿元

最近两年，我国股市一扫前几年的低迷，出现连连上涨行情，股票指数不断创出新高，股市市值持续增大。上证指数从2005年6月的低点998点，一路上涨至2007年10月的6124点，涨幅超过500%。然而，从2007年10月开始，A股连续下跌。到2008年6月中旬，股指跌幅超过50%。仅2008年第一季度，A股市值就缩水12万亿元，创下了15年来的新纪录。股市的剧烈波动，给广大投资者带来了很多困惑。那么，股市的这种波动是如何产生的？面对股市的剧烈波动，应当如何推动股市的健康稳定发展？

股票市场有起有落

在市场经济中，经济的发展总是在周期性的波动中实现的。作为经济发展的晴雨表，股票市场也经常是风云变幻、起伏不定，随着供求关系的变化而上下波动。

股票市场有着自身的特殊性。与一般的商品市场不同，股票市场是一种虚拟经济。在股票市场上买卖的不是普通的具有实际使用价值的商品如食品、住房等，而是可以在未来获得收益的金融资产。股票价格不仅取决于公司的经营状况，同时也受利率、汇率、通货膨胀、国内外政治经济环境、市场买卖力量对比、重大自然灾害发生以及投资者心理预期的影响而发生波动。股票市场的这种波动与实体经济的波动相比，往往更为剧烈、更为频繁。当股价持续上涨时，越来越多的资金被吸引进来，这又会导致股价的进一步上涨，并使得更多的资金进入市场。在牛市乐观气氛的感染下，人们总是能找到股市不断上涨的"理论根据"，把所有的利好消息加以放大，直到某一天泡沫破裂，股价暴跌。当股价持续下跌时，则会出现相反的情况，价格进一步下跌，资

股市的涨跌牵动着人心的起落

金持续流出，悲观失望情绪蔓延。

象征股市上涨的牛雕

股票市场的剧烈波动在股市的发展历史上不乏其例。比如，从1928年初到1929年8月，美国的道琼斯指数由200点附近飙升到400点左右，一年的时间里股指暴涨了一倍。然而不久就爆发了1929—1933年整个资本主义世界的经济大萧条，股票价格也随之一泻千里，从1929年9月繁荣的顶峰到1932年夏天大萧条的谷底，道琼斯指数从381点跌至36点，缩水90%。1985—1990年日本股市持续大涨，日经225指数由1985年初的11000点涨到38000多点。但是，进入20世纪90年代，日本股市开始暴跌。到1990年10月份股指已跌破20000点，1992年8月18日降至14309点，基本上回到了1985年的水平，股指比最高峰时下降了63%。

我国股票市场发展的时间并不太长，但同样经历了股市剧烈波动的洗礼。1990年12月19日，中国股市从100点起步，到1992年5月26日，上证指数已跃升至1429点。在一年半的时间中，上证指数暴涨1329点，之后迅速暴跌至400点，有些股民损失极其惨重。从2006年开始，我国股票市场启动了新一轮的牛市行情，以股票市场为代表的资本市场迅速发展。截至2007年年底，沪、深两个市场共有上市公司1550家，总市值达32.7万亿元，相当于国内生产总值的140%，位列全球资本市场第三，新兴市场第一。然而，世界上没有只涨不跌的股市。在股市自身运行的规律和国际金融市场的影响下，我国股市自2007年10月中旬以来，出现了较大幅度的调整，大批股票价格被腰斩，大量基金跌破了面值。在股市的剧烈波动中，许多股民和基民被套，饱受亏损之苦。人们再次深切感受到了投资股市所带来的风险。

中国股市长期向好

股市的波动是有规律的，最基本的规律就是股票价格要符合它的内在价值。一只股票如果价格涨得过高，就会超过其内在价值，需求就会减少，价格就会随之下降。反过来说，如果价格跌到一定程度，就会低于其内在价值，需求就会增加，价格就会随之上涨，直到价格和价值达到平衡。运用这个基本规律来看待当前我国股票市场价格的波动现象，就能够使我们多一分清醒、多一分理性。

2007年年底以来，我国股票市场出现的这轮深幅调整有其必然性。一是对前期股市上涨的累积风险的释放。2006年以来，随着股票价格的飞速上涨，A股市场的市盈率也急剧上升。至2007年6月底，沪、深两市加权市盈率达80多倍，大大高于通常认为的30—40倍之间的合理市盈率标准。这表明，A股市场的股票价格已经大大超出

美国的次贷危机

从2001年起，美联储实行低利率政策，较低的利率水平吸引那些无法获得普通贷款的低收入群体或信用等级不高的购房者大量通过次级房屋贷款（专门为资金不足或信用记录不佳的贷款人提供的一种短期内低息、中长期高息的房贷品种）购买住房，部分中等收入群体和信用等级较高的购房者也利用次级房屋贷款融资。该措施刺激了美国房价的强劲上升，房价上涨预期增强了购房者借款买房的动机。而次级房屋贷款证券化的飞速发展使贷款人可以通过出售信贷资产组合获取低成本资金，反过来推动了次级房屋贷款的飞速发展。但2005年之后的不断加息使楼市降温，购房者的还款负担加重，银行的住房抵押贷款违约率迅速上升，导致持有次级住房抵押贷款及其衍生产品的金融机构损失巨大。

了其内在的价值。二是受美国经济增长放缓和周边股市调整的影响。2007年第四季度之后，美国的次贷危机愈演愈烈，对全球金融市场产生了强烈的冲击，全球主要股票市场在半年左右的时间里下跌的幅度都超过20%。美国经济增长的放慢加剧了人们对全球经济发展未来的担忧，降低了人们对未来经济增长的预期，投资的意愿受到了抑制。三是宏观调控的成效。近年来，为了防止经济增长由偏快转为过热、防止价格由结构性上涨演变为明显通货膨胀，党和政府采取了一系列宏观调控的措施，如多次调整金融机构存款准备金率、存贷款基准利率，严把土地、信贷两个闸门，调整证券交易印花税等，使流动性过剩的矛盾逐步缓解，股市的供求关系开始趋于均衡。同时，2008年年初的雪灾、上市公司大量再融资、“大小非”集中解禁等事件性原因，也加剧了投资者的恐慌心理，影响他们对股市发展的预期。正是上述这些因素的共同作用，造成了2007年年底以来股价的大幅回落。

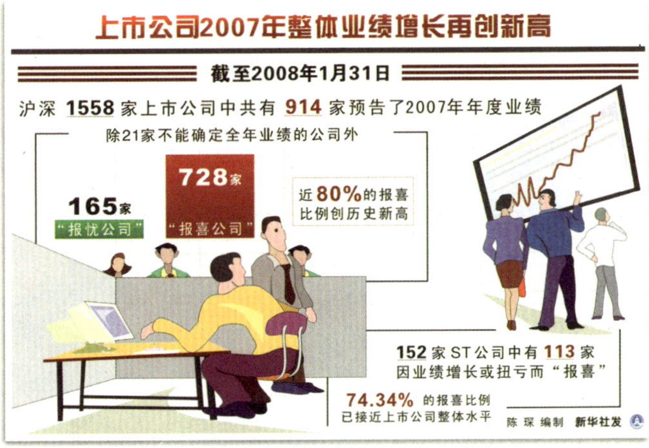

同样，我们也要看到，经过十多年的改革和发展，我国资本市场基础性制度建设明显加强，上市公司质量不断提高，投资者结构逐步改善，市场监管进一步加强，市场运行机制改革不断深化。资本市场已经成为国民经济的重要组成部分，增强了经济发展的活力。2006年以来中国股市的快速发展，有其深刻的原因。一是中国经济的持续、稳定、健康发展。近年来我国经济出现持续高增长和低通胀的良好局面，上市公司的业绩大幅提升。2006年上市公司净利润增长幅度高达46%。2007年上市公司整体业绩增长水平也较高。截至2008年4月7

什么是“大小非”

由于我国的股市长期以来都是把公司的股份分为非流通股和流通股两部分，在股改以后把这两部分合二为一，但是考虑到市场的接纳程度，规定大股东的非流通股要获得流通权需要等一段时间，所以这部分股票就叫限售股份。

大非，就是大规模非流通股持有者，一般持股规模大于5%。小非，就是小规模非流通股持有者，一般持股规模小于5%。

日，已披露年报的880家上市公司2007年实现营业收入67321亿元，同比增长24.61%；实现净利润6548.75亿元，同比增长44.78%。上市公司业绩的提高，必然会带来股票价格的大幅上升。二是中国资本市场的发展正在把世界上成熟市场的经验与中国国情有机结合起来，沿着渐进式的市场化改革方向稳步推进。2005年5月开始实施的股权分置改革，使我国资本市场的基础性制度建设进一步夯实。股权分置改革之后，大股东的利益与小股东的利益趋于一致，很多大股东将优质资产注入上市公司，改善了上市公司的质量。三是资本市场法律体系逐步完善。2006年1月1日开始实施修订的《公司法》和《证券法》，以及与“两法”配套的法律法规的完善，进一步理顺了资本市场的法律关系，健全了资本市场运行机制，对全面提升资本市场法治水平、加快推进资本市场改革发展产生了深远的影响。除此以外，人民币持续升值的推动作用也不可忽视。2001年以来美元持续贬值，人民币持续升值，尤其是2005年7月我国开始进行人民币汇率改革之后，人民币对美元的比价升值速度加快。国际资本通过各种渠道大量进入我国，加剧了我国金融市场的流动性过剩，推动了股市行情的不断上涨。

可以说，我国资本市场改革不断深化和资本市场法律体系不断完善的趋势没有改变，中国经济持续快速增长和企业效益不断提升的趋势没有改变，人民币升值和流动性过剩的趋势没有改变。因此，我国股票市场持续发展的趋势也不会有根本的改变，对此我们应有充分的信心。有跌有涨，潮落潮起，是股市发展中的必然规律。股票价格短期回落，不会改变我国股票市场长期向上和不断发展的大趋势。

积极推动股市良性运行

在市场经济中，股票价格的不断波动是一种必然现象。没有股票价格的波动，资本市场就不可能有效反映资本的供求状况，就不可能调节资本的有效配置。当然，说股票价格的波动是一种正常现象，并不意味着我们对于股票价格发生背离市场规律的剧烈波动可以完全放任自流，听之任之。

股市的大幅波动会给经济社会的发展带来严重危害和风险。股市的持续暴涨会吸引更多的人投身股市，使大多数股票背离自身价值，形成泡沫。泡沫的膨胀会造成一时的繁荣甚至狂热，但泡沫积聚到一定程度后就会破灭，使股市迅速下跌。股市的持续暴跌会造成投资者财富大幅缩水，资产大幅贬值，从而导致人们收入减少，生活水平下降。特别是那些将大量积蓄投入股市的普通群众，财产可能会在股市暴跌之中消失得无影无踪。这种情况持续到一定程度，就会导致股市交易额迅速下降，使资本市场的融资功能受到破坏，金融业也发生动荡，甚至银行破产、工厂关闭、企业大量裁员，经济增长陷入低迷状态。因此，政府对股市的发展进行宏观调控就显得十分重要，维护包括股票市场在内的金融市场的稳定是宏

股票市场和股指期货市场跨市场监管协作协议在沪签署

中国治理高风险券商 19家违规被关闭

上海加强对非法证券活动的监管

观经济政策的一个重要内容。

要清醒地认识到，我国股票市场建立发育的时间还不长，许多方面不够成熟，亟待完善。构建透明高效、结构合理、功能完善、运行安全的股票市场是一项长期任务。要坚持以科学发展观为指导，不断深化对股票市场发展和运行规律的认识，继续强化基础性制度建设和市场监管，维护公开公平公正的市场秩序，充分发挥市场机制的作用，推动股票市场健康稳定发展。

保持国民经济平稳较快发展是推动股市稳定健康发展的重要条件。股票市场的起起落落与宏观经济的周期性波动是密切相关的。在经济繁荣期，企业的盈利水平也会上升，导致股价的上涨。在经济萧条期，经济增长放慢，企业盈利下降，股票价格也随之会降低。因此，防止股票市场的大起大落，首先要搞好宏观调控，保持经济平稳较快发展。

全面提高上市公司质量是推动股票市场健康稳定发展的根本。上市公司是中国经济运行中具有发展优势的群体，是股市投资价值的源泉。事实证明，绩效越差的上市公司，其股价的波动现象越明显；而越是优质的上市公司，其股价的走势越稳定越健康，越能够为投资者带来稳定可靠的收益。因此，提高上市公司质量，是强化上市公司竞争优势、实现可持续发展的内在要求，是夯实资本市场基础、增强资本市场吸引力和活力、充分发挥资本市场优化资源配置功能的关键。

推进多层次股票市场体系建设，满足多元化的投融资需求，是推动股市健康稳定发展的保障。要大力发展主板市场，继续推进中小企业板建设，加快推动创业板建设，构建统一监管下的全国性场外交易市场，建立适应不同层次市场的交易制度和转板机制，完善登记、托管和结算体系，大力发展机构投资者，拓宽合法资金入市渠道。建立统一互联的证券市场，多渠道提高直接融资比重。

完善法律和监管体系，建设公正、透明、高效的市场，对于推动股市健康稳定发展具有至关重要的作用。完善法律体系，加强监管协调，才能有效防范金融风险。如果股市投机过度，市场风险就会越积越大。近年来，国家对证券违法违规活动的打击力度不断加大，有效遏制了非法证券活动的多发势头。2008年4月，国务院颁布《证券公司监督管理条例》和《证券公司风险处置条例》。这是资本市场基础性制度建设的又一重大举措，对于保护投资者的合法权益，维护证券交易的正常秩序，促进资本市场稳定健康发展，具有重要的意义。

对于投资者而言，最重要的是增强风险意识，提高风险防范能力。风险是股票市场的基本特征，股票市场与风险共生共存。我国股票市场处于“新兴加转轨”的发展阶段，规

如何提高投资者的风险意识和风险防范能力

一是投资者在入市之前要比较充分地了解市场基本特征，了解各类投资的区别，谨慎入市。

二是已入市的投资者在投资、交易过程中，要树立全面的风险意识，既要充分了解自己所投资的对象，避免盲目投资；也要了解和遵守市场规则，避免发生违规行为；还要学习投资的基本知识，了解一些投资技术、技巧，要善于分散风险，善于利用工具对冲风险、进行风险管理。

三是投资者要树立法律和规则意识，利用法律武器捍卫自身权益，增强自我保护能力。

范运作程度有待提高，市场不够成熟、不够健全，波动性相对更大。近两年尤其是2007年以来，投资者入市总量增加很快，在不长的时间内，投资者开户数从6000多万户增长到2008年年初的1.4亿多户，许多中小投资者缺乏市场经验。在这种情况下，增强风险意识极为重要。投资者要谨慎入市，理性参与投资，入市后要保持良好心态，坚持价值投资理念，切实规避风险，保护自身利益。

投资者接受投资理财教育非常重要

经过十多年的发展，中国股市成绩斐然。可以预期，中国股市具有广阔的发展前景。当前，中国经济的基本面是好的。只要保持经济的平稳较快发展，集中力量解决经济生活中存在的突出问题，建立一个公开、公正、透明的市场环境，就一定会促进股市平稳健康地发展，从而切实保护投资者的利益。

深度阅读

- 中国证监会：《中国资本市场发展报告》，中国金融出版社2008年2月版。

相关链接

- 中国证监会：《深化改革和监管，推动资本市场持续健康发展》，中国证监会网站2008年2月25日。

8

绿水青山就是金山银山

——为什么要建设生态文明

“请到天涯海角来，这里四季春常在……”这首人们熟悉的优美歌曲，唱出了人们对海南优美环境的赞叹。从2000年9月开始，海南省推动以“建设生态环境、发展生态经济、培育生态文化”为主题的文明生态村创建活动。截至2008年4月，共建成文明生态村7774个，占全省自然村总数的33.4%。当地农村面貌发生了深刻变化，农民收

海南生态村春意盎然

入增加，文明程度提高，琼岛处处盛开生态文明之花。海南省抓住良好的生态环境这一发展的突出优势和长期依托，坚持生态立省，把建设生态文明、保护生态环境放在经济社会发展的首要位置，在保护中发展、在发展中保护，取得了引人瞩目的成就。

党的十七大第一次明确把“建设生态文明”作为全面建设小康社会奋斗目标的新要求提了出来，强调要使生态文明观念在全社会牢固树立，反映了党和政府对于建设生态文明的高度重视，表达了广大人民群众分享生态文明的迫切愿望，必将对发展中国特色社会主义事业产生重大影响。

一项重大而紧迫的任务

生态问题是人类社会必须高度关注的一个重大战略问题。建设生态文明关系到经济社会的和谐发展，既影响着发展的全局，也决定着发展的可持续；建设生态文明关系到人类的命运，既影响着人类的现在，也决定着人类的未来。

山东构筑南水北调东线工程“绿色生态长廊”

生态文明是指人们在改造客观物质世界的同时，积极改善和优化人与自然的关系，在建设有序的生态运行机制和良好的生态环境过程中所取得的物质、精神、制度方面成果的总和。建设生态文明，实质上就是要建设以资源环境承载力为基础、以自然规律为

敦煌市保护生态环境，月牙泉重现“二泉相映”奇观

准则、以可持续发展为目标的资源节约型、环境友好型社会。

历史经验告诉我们，生态兴则文明兴，生态衰则文明衰。辉煌的中华文明与长江、黄河流域的生态状况息息相关，而印度河流域的宜居环境则塑造了古印度文明。人们也不会忘记，曾经盛极一时的古埃及文明、古巴比伦文明等等所经历的由繁荣走向衰败的悲剧，很大程度上是因为这些地区人与自然的矛盾日益尖锐，导致生态破坏和环境恶化，使得文明淹没在历史的尘埃中。前车之鉴，要时刻牢记。当代世界的发达国家，在其工业化初期和中期阶段，无不走过一条先污染后治理的传统工业化发展道路。如今的伦敦环境优美，但它曾经被人们称为“雾都”。19世纪50年代，伦敦是一个被各种工厂包围的城市，烟尘笼罩在城市的上空，工业污染严重，集中体现了资本主义工业化的特征。长期以来，特别是工业革命以来，在人类物质生产取得巨大发展的同时，以高投入、高耗能、高消费为特征的工业文明，对地球资源的索取超出了合理的范围，对生态环境造成了严重的破坏。从20

1992年6月13日，联合国环境与发展大会首脑会议在巴西里约热内卢召开

世纪60年代开始，人类对自身与自然关系的反思和认识日益深刻。1972年，联合国发表《人类环境宣言》郑重宣示，人类在开发利用环境的同时，也承担着维护自然的义务。20世纪90年代以来，以《里约热内卢环境与发展宣言》、《21世纪议程》为代表的一系列具有里程碑意义的纲领性文件先后问世，标志着人与自然和谐发展的生态文明理念逐步成为世界共识。

建设生态文明、保护生态环境，是当代中国一项重大而紧迫的任务。在经过了近30年的经济高速增长后，13亿中国人的生活正在逐步走向富裕，我们取得了举世瞩目的发展成就。同时，我们也要看到，我国的生态形势仍然十分严峻。一方面，我国人均资源紧张，人均耕地、淡水、森林仅占世界平均水平的32%、27.4%和12.8%，石油、天然气、铁矿石等资源的人均拥有量也明显低于世界平均水平；我国沙化土地面积为173.97万平方公里，占国土面积的18.12%；水土流失土地的总面积已达356万平方公里，占国土面积的37.1%；平均每年农田受旱面积近4亿亩，受涝

“十一五”规划节约能源和保护环境指标

中华人民共和国国民经济和社会发展第十一个五年规划第一次将规划指标分为预期性和约束性两大类。其中约束性指标是必须实现的目标。在“十一五”规划提出的22个经济社会发展主要指标中，有8个是约束性的，这8个约束性指标中与资源环境保护有关的占到一半，主要包括单位GDP能耗降低20%左右、单位工业增加值用水量降低30%、主要污染物排放总量减少10%、森林覆盖率达到20%等。

耕地面积1.5亿亩，损失粮食100亿公斤左右。另一方面，由于长期实行粗放型经济增长方式，我国承受着传统发展模式给资源环境带来的压力——在大多数经济指标基本完成的情况下，“十五”计划规定的环境指标没有如期完成。要完成“十一五”期间将单位GDP能耗降低20%左右、主要污染物排放总量减少10%等涉及资源环境的规划指标，任务十分艰巨。

历史与现实都警示我们，必须超越传统工业文明的发展模式，摆脱先污染后治理的老路，走出一条生产发展、生活富裕、生态良好的文明发展道路，在经济社会高速发展的同时给老百姓一个美好的生活家园，让天更蓝、水更清，给子孙后代留下蓝天白云、绿水青山，实现经济社会永续发展。

面向未来的必然选择

2007年年底，国务院办公厅发出通知，要求从2008年6月1日起，在全国范围内禁止生产、销售和使用超薄塑料购物袋；同时，在所有超市、商场、集贸市场等商品零售场所，实行塑料购物袋有偿使用制度，一律不得免费提供塑料购物袋。禁令一出，牵动人心。曾几何时，塑料袋以其方便廉价的特点，大大方便了人们的日常生活，然而它也越来越成为“白色污染”的主要来源。在环境问题

环保布袋进万家

日益严峻的今天，是继续依赖塑料袋的便利性而无视其危害，还是郑重地为环保作出新的抉择？“禁塑令”的实施充分展示了我国政府在保护环境问题上的坚定立场和决心，也有助于进一步在全社会树立起人与自然和谐相处的生态文明观。

节能减排的三个喜人数据

2007年单位国内生产总值能耗比上年下降3.27%，化学需氧量、二氧化硫排放总量近年来首次出现双下降，比上年分别下降3.14%和4.66%。

确立建设生态文明新目标，是我们党在贯彻落实科学发展观的伟大进程中取得的新认识、树立的新理念、形成的新任务。从党的十二大到十五大，我们把建设社会主义物质文明和精神文明作为中国特色社会主义的主体内容，党的十六大在此基础上提出了建设社会主义政治文明。党的十七大明确提出建设生态文明，这是我们党提出的科学发展与和谐发展理念的又一次升华，标志着当代中国共产党人对中国特色社会主义建设规律认识的进一步深化，是中华民族对人类文明作出的新贡献。

建设生态文明是全面建设小康社会和我国现代化建设的客观要求。在我国这样的人口大国，建设惠及十几亿人口的更高水平的小康社会，最紧迫的任务就是要解决好“低水平”、“不全面”、“不平衡”问题。如果不改变传统发展思维和模式，继续沿袭高投入、高能耗、高排放、低效率的粗放型增长方式，走先污染后治理、边污染边治理的发展道路，全面建设小康社会的奋斗目标就难以实现。当前，我国正处于工业化、城镇化加速发展时期，资源供应不足、能源严重紧缺、环境压力加大已经成为社会主义现代化建设的关键性制约因素，节约资源和保护环境已经成为实现经济社会可持续发展的根本要求。在科学发展观指导下，我们要走出一条投入少、产出多、科技含量高、资源消耗低、经济效益好、环境污染小、人力资源得到充分发挥的新型发展道路。

建设生态文明是落实科学发展观的内在要求。科学发展观强调把发展、以人为本、全面协调可持续内在地统一起来，坚持统筹兼顾的根本方法。建设生态文明体现了人与自然、人与人以及经济与社会的协调发展，是协调人与自然关系的落脚点和最终结果。同时，生态文明的实质是科学发展。“绿水青山”与“金山银山”既存在矛盾，又相互依存，是对立统一的关系。绿水青山可以源源不断地带来金山银山，金山银山也需要良好的生态环境。没有文明的生态，生产力的发展不可能持续；建设生态文明正是为了更好地解放生产力、发展生产力。正确处理快速发展和持续发展的关系，坚持走资源节约型、环境保护型的发展道路，建设人与自然高度和谐的生态文明，在生机盎然的绿水青山中持续地追求并享有幸福，才能够真正拥有沉甸甸的“金山银山”。

建设生态文明是促进社会和谐的基础和保障。生态文明是在人类历史发展过程中形成的人与自然、人与社会环境和谐统一、可持续发展的文化成果的总和，是人与自然交流融通的状态。没有生态安全，人类自身就会陷入最深刻的生存危机。从这个意义上说，生态建设是经济建设、政治建设、文化建设和社会建设的基础和前提。

全社会的共识与行动

在五年累计降低供电煤耗22.4克/千瓦时，实现节约标准煤385万吨，节约用电24.3亿千瓦时，节约燃油38.5万吨，直接实现节能价值33.5亿元的同时，五年内规模翻了一番，装机容量达到6302万千瓦，效益翻两番，主营业务收入720亿元，实现利润42亿元。这是中国华电集团通过科学发展，在打好节能减排攻坚战中交出的一份骄人答卷。华电集团依靠科技进步、促进节能减排、加快清洁发展的成绩说明，只有加强能源资源节约和生态环境保护，才能不断增强可持续发展能力。

建设生态文明，关系人民群众切身利益和中华民族生存发展。我们要把生态文明建设贯穿于中国特色社会主义事业全过程，在全社会牢固树立生态文明观念，把建设资源节约型、环境友好型社会放在工业化、现代化发展战略的突出位置，基本形成节约能源资源和保护生态环境的产业结构、增长方式、消费模式。

中国华电集团成为中央企业践行节能减排的排头兵

建设生态文明，观念要先行。要使生态文明观深入人心，在全体公民中强化我国人口多、人均资源少、环境形势严峻的国情意识；强化经济效益、社会效益、生态效益相统一的效益意识；强化经济指标、资源指标和环境指标、人文指标全面发展的政绩

节能环保宣传进社区

意识；强化环境就是资源、环境就是资本，破坏环境就是破坏生产力，保护环境就是发展生产力的环保意识。在全社会形成了解国情、珍爱环境、保护生态、崇尚自然、节约资源、造福后代的共识，使生态文明观念成为13亿中国人共同的价值观念和自觉行动。

转变经济发展方式是关键。要真正把思想和行动统一到科学发展观上来，统一到经济又好又快发展的要求上来，树立保住绿水青山也是政绩的理念，把产业结构调整与节约资源和保护生态环境结合起来，走中国特色新型工业化道路，大力发展循环经济，推进产业结构优化升级，加快经济发展方式转变，逐步改变产业结构不合理、经济发展方式粗放的状况，达到经济发展和环境保护的双赢。

循环经济

循环经济，是指在生产、流通和消费等过程中进行的减量化、再利用、资源化活动的总称。所谓减量化，是指在生产、流通和消费等过程中减少资源消耗和废物产生。所谓再利用，是指将废物直接作为产品或者经修复、翻新、再制造后继续作为产品使用，或者将废物的全部或者部分作为其他产品的部件予以使用。所谓资源化，是指直接将废物作为原料进行利用或者对废物进行再生利用。

坚定不移地抓好节能减排工作是核心。实现经济又好又快发展，“好”是基础，“好”的体现之一是在经济增长的同时做到节能减排。要让节能降耗和污染减排成为两根“高压线”，加快利用先进技术改造高耗能、高污染企业，坚决淘汰落后的生产力，坚定不移地走生产发展、生活富裕、生态良好的文明发展道路。

江苏省南通市生态园呈现桃红柳绿美景

实行严格的制度是保障。完成硬指标要出硬招数，不动真格的换不来蓝天碧水。要像控制人口、保护耕地一样，实行严格的环境资源保护制度，严肃法律制度、环境标准、执法纪律、执法手段，建立健全节能目标责任和评价考核制度，将能耗降低和污染减排完成情况纳入经济社会发展综合评价体系，实行政绩督察制和行政问责制，对那些我行我素、无视法纪、严重破坏生态环境的人要坚决惩处，杜绝一切环境违法行为，绝不允许“少数人发财、人民群众受害、全社会买单”的情况再出现。

建设生态文明是全社会共同的理念，也是全社会共同的责任。当建设生态文明成为我们每一个社会成员的自觉行动时，青山不老，绿水长流，人与自然共和谐的美景就一定能够实现。

相关链接

- 《中国林业与生态建设状况公报（摘要）》，《人民日报》2008年1月22日。
- 贾治邦：《肩负起建设生态文明的历史使命》，《人民日报》2008年2月27日。

9

人民民主是社会主义的生命

——为什么要坚持中国特色社会主义政治发展道路

一年一度的"两会"，全国各地人大代表、政协委员齐聚北京，共商国是

近年来，英国著名思想库伦敦外交政策中心发表的美国高盛公司的长篇研究报告——《北京共识》，引起了国际上的广泛关注。报告认为，中国实行改革开放以来取得了巨大进步，其最大的成功之处就在于中国创造了一种适合自己的经济和政治发展模式。中国以繁荣发展的崭新面貌，充分展现了中国特色社会主义经济制度的成功，也向世界昭示了中国特色社会主义政治发展道路的正确。

中国特色社会主义政治发展道路是历史和人民的选择

当今世界，各国由于历史演进和具体国情不同，政治发展道路和民主制度模式总是多种多样的。中国特色社会主义政治发展道路，是由中国的历史发展和具体国情决定的，是中国人民在追求民族独立和人民解放的斗争中、在长期的社会主义现代化建设和改革开放实践中作出的正确选择，也是历史发展的必然结果。

辛亥革命起义门

中国是一个具有5000多年历史的文明古国，为人类文明进步作出过巨大贡献。然而，1840年以后，由于西方列强入侵和封建统治腐败，中国逐步沦为半殖民地半封建社会，民族危机空前深重，人民处于水深火热之中。为了救亡图存，许多仁人志士上下求索、奋力抗争，各阶级、各阶层、各种社会势力围绕在中国建立什么样的政治制度和政权组织形式提出了种种主张，展开了激烈斗争。

中国民主革命的伟大先行者孙中山领导辛亥革命，推翻了清王朝，结束了在中国延续几千年的君主专制制度，为中国进步打开了闸门，谱写了古老中国发展进步的历史新篇章。但是，辛亥革命没有从根本上改变旧中国的社会性质和人民的悲惨境地，建立起来的资产阶级共和政体最终在各种反动势力的扼杀下夭折。自那以后，旧中国的政治制度，无论采取何种形式，都没有能根本改变其代表帝国主义、封建主义、官僚资本主义利益的本质，中国人民仍然处于被压迫、被

开国大典（油画）董希文作

奴役、被剥削的地位。

中国人民从长期的艰难探索和不懈奋争中逐步认识到，照搬西方资本主义政治制度是一条走不通的路。要实现民族独立、国家富强、人民幸福，就必须彻底推翻剥削阶级统治，建立符合中国国情、符合中国人民根本利益的全新的人民民主制度，真正由人民当家作主。

新中国成立后，我们党领导全国各族人民建立了人民民主专政的国体和人民代表大会制度的政体，实现了向人民民主的伟大跨越，开辟了人民当家作主的历史新纪元。党的十一届三中全会以来，我国社会主义民主政治建设进一步发展，人民民主的内容不断扩大，人民的各项权益得到越来越切实的政治保障。党的十五大首次提出了“依法治国”的基本方略；党的十五届五中全会作出了“扩大公民有序的政治参与，引导人民群众依法管理自己的事情”的重大决定；党的十六大首次提出了建设社会主义政治文明的主张；党的十七大强调“人民民主是社会主义的生命”，第一次阐述了中国特色社会主义政治发展道路的科学内涵，这就是“坚持党的领导、人民当家作主、依法治国有机统一，坚持和完善人民代表大会制度、中国共产党领导的多党合作和政治协商制度、民族区域自治制度以及基层群众自治制度，不断推进社会主义政治制度自我完善和发展”。回顾党80多年的奋斗历程，我们可以看到，努力实现人民民主一直是我们党孜孜不倦的执著追求。

中国特色社会主义民主制度具有鲜明特点与巨大优势

中国特色社会主义政治发展道路的核心是通过建立中国特色社会主义民主制度，实现人民当家作主。它的基本框架主要由人民代表大会制度、中国共产党领导的多党合作和政治协商制度、民族区域自治制度以及基层群众自治制度所构成。这些民主制度，不仅是人民民主的主要实现形式，而且是中国特色社会主义政治发展道路的特点与优势所在。

人民代表大会制度是人民当家作主的根本途径和最高实现形式，也是党在国家政权中充分发扬民主、贯彻群众路线的最好实现形式。

出席九届全国人大二次会议的代表们热烈鼓掌，庆祝邓小平理论和“依法治国”写入宪法

一方面，人民代表大会制度为人民当家作主提供了最好的组织形式。人民通过普遍的民主选举，产生自己的代表，组成各级人民代表大会，各级人民代表大会都对人民负责，受人民监督。人民通过人

民代表大会，把国家和民族的前途命运牢牢掌握在自己手中。另一方面，人民代表大会制度为国家机构高效运转提供了有力的制度保障。人民代表大会是国家权力机关，统一行使国家权力。国家行政机关、审判机关、检察机关由人民代表大会产生，对人民代表大会负责，受人民代表大会监督。国家机构的这种合理分工，既有利于充分发扬民主，又可以集中力量办大事，提高工作效率。

十届全国人大常委会第十九次会议表决，通过废止农业税条例的决定

中国共产党领导的多党合作和政治协商制度是中国特色社会主义的政党制度。执政的中国共产党与参政的民主党派之间不是竞争关系，而是长期共存、互相监督、肝胆相照、荣辱与共的团结合作关系。政治协商制度的主要功能和优点是通过充分协商，求同存异，使不同阶级阶层、不同地区、不同民族和不同群体的利益得到最大限度的整合，使社会整体利益得到最大限度的实现。

民族区域自治制度是我国实现民族平等、保障少数民族权利的重要政治制度。这项制度保证各民族不论大小都享有平等的经济、政治、文化和社会权利，使各民族共同维护国家统一和民族团结具有了坚实的基础，进而形成了相互支持、相互帮助、共同繁荣发展的和谐民族关系。

基层群众自治制度，是指城乡居民群众以相关法律法规政策为依据，在城乡基层党组织领导下，在居住地范围内，依托基层群众自治组织，直接行使民主选举、民主决策、民主管理和民主监督等权利，实行自我管理、自我服务、自我教育、自我监督的制度。坚持基层群众自治制度，发展基层民主，不仅是人民当家作主最有效、最广泛的途径，而且有利于人民群众受到民主实践的锻炼，不断提高民主意识、民主素质，是发展社会主义民主政治的一项基础性工程。

判断一国的民主制度是否具有优越性，要看它是否立足于本国国情，是否有助于发展社会生产力，是否有助于提高人民生活水平，是否能够适应社会经济发展的基本需要。中国特色社会主义民主制度适应了中国历史与国情对政治制度提出的总体要求，保持了国家长期稳定发展，提高了社会主义社会的生产力水平，符合最广大人民的根本利益，在促进经济社会发展中体现出明显的制度优势。

农民工代表和学生代表在发言，行使自己作为人大代表的权力

中国特色社会主义民主制度，能够有效整合人民群众中各个阶层和群体的不同利益。我国的人大代表和政协委员有着广泛的人民性，不仅有工人、农民和干部的代表，也有各民主党派和各社会新阶层的代表。代表和委员们在党的统一领导下参政议政，共商国是，从而能够最广泛地吸纳民意，使党能够根据我国社会发展的客观条件和要求把握大局，根据全民族的整体利益、长远利益、根本利益制定出符合科学规律的路线、方针、政策，努力实现全社会利益的最大化。

中国特色社会主义民主制度，能够在现代化进程中维护社会公平正义，保持社会协调发展。以人民民主促进社会公平正义，既是社会发展进步的要求，也是人民群众的根本愿望。随着我国经济社会的发展，全社会民主法治意识的增强，人民群众对维护和保障社会公平正义的期待越来越多，对促进和实现社会公平正义的要求越来越高。中

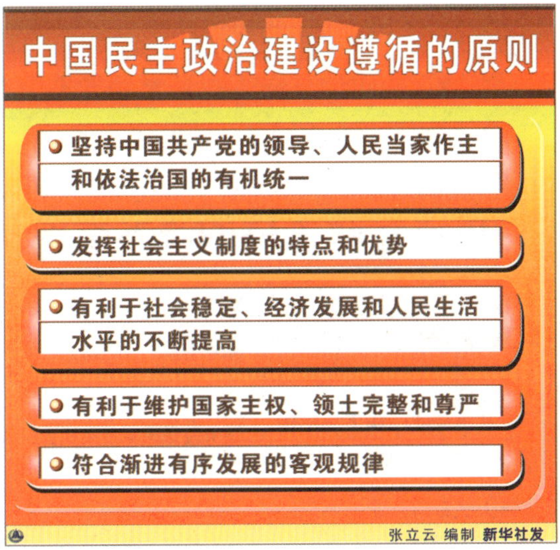

国特色社会主义民主制度能够保障人民群众依法行使民主权利，在充分民主的基础上使党和政府正确集中各方意见，协调不同利益，集体行使权力，科学作出决策，保证人民利益的实现，维护社会公平正义。

中国特色社会主义民主制度，能够保持国家长期稳定发展，有利于国家的长治久安。国家政权具有高度稳定性，国家政策具有明显连续性，这是一个国家经济社会持续发展的首要条件。中国特色社会主义民主制度，在半个多世纪的实践中不断完善，能够集中全党全社会的资源、力量和智慧用于建设和发展，保持社会长期稳定，有利于经济社会发展战略长期实施。

开辟中国特色社会主义政治发展的广阔前景

坚持中国特色社会主义政治发展道路，必须从我国国情出发，积极借鉴人类政治文明的有益成果，适应经济社会发展不断深化和人民政治参与积极性不断提高的要求，坚定不移地深化政治体制改革，继续推进中国特色社会主义民主政治建设。我们已经成功地找到了一条符合中国实际、独具中国特色的社会主义政治发展道路。必须坚定不移地走这条道路，奋力开辟中国特色社会主义政治发展更为广阔的前景。

坚持正确政治方向，保证党领导人民有效治理国家。在现阶段，发展中国特色社会主义民主政治，最根本的就是要坚持党的领导、人民当家作主、依法治国的有机统一。完善党的领导制度，对于完善整个政治体制具有全局性的意义。要把坚持和完善党的领导建立在人民当家作主的政治和法律制度基础上，使社会主义民主制度的完善同党的执政方式的完善同步推进，保证党领导人民有效治理国家。要善于把党的主张通过法定程序变成国家意志，主要依靠法律治理国家、管理社会，使国家各项工作在法治轨道上运行。

我国依法行政主体的基本类别

熊德 编制（新华社发）

扩大公民有序政治参与，保障人民当家作主。党的十七大报告将“扩大公民有序政治参与”列为今后一个时期政治发展的重要目标。政治参与是社会主义民主政治的一项重要内容，是人民群众在共产党领导下实现当家作主民主权利的重要途径。要适应经济发展、社会进步和人民群众政治参与积极性不断提高的要求，通过体制创新，健全民主制度，丰富民主形式，拓宽民主渠道，从各个层次、各个领域扩大公民有序的政治参与，保障人民的知情权、参与权、表达权、监督权，不断扩大和保障人民的民主权利，不断增强党和国家的活力。

坚持依法治国基本方略，实现国家各项工作法治化。要加强和改进立法工作，进一步提高立法质量。不断完善改革开放和社会主义现代化建设迫切需要、与人民群众利益密切相关、对中国特色社会主义法律体系起支架作用的重要法律。要加强宪法和法律的实施，维护社会主义法制的统一、尊严、权威。坚持公民在法律面前一律平等，全面推进依法行政，规范行政执法行为，深化司法体制改革。要加强对执法活动的监督，确保法律正确实施。完善权力制约和监督机制，综合运用各种监督形式，增强监督合力和实效。

实施依法治国基本方略10周年座谈会

义务普法宣传到街头

积极稳妥地进行政治体制改革，推进社会主义政治制度自我完善和发展。政治体制改革要坚持社会主义方向，决不能动摇社会主义基本政治制度。社会的基本政治制度是一个国家组织社会生活的根本方式，对于社会的存在和发展具有根本性的意义。要善于学习和借鉴人类政治文明的有益成果，坚持和发挥社会主义政治制度的特点和优势，但决不照搬西方民主政治模式。要抓住制度建设这个重要环节，努力使我国政治建设适应经济、文化、社会建设，反映时代要求，在制度创新方面取得新进展，创造人民依法管理国家事务和社会事务、管理经济和文化事业的新途径新形式，推进社会主义民主和法制协调发展，从制度上保障满足人民群众不断增强的政治参与要求。

“江水滔滔，奔流不息，百折不回，终归大海。”只要我们顺应时代潮流，遵从人民意愿，坚定不移地走中国特色社会主义政治发展道路，就一定能够不断发展具有强大生命力的社会主义民主政治，为人类社会的民主政治发展作出更大的贡献。

深度阅读

- 吴邦国：《坚持中国特色社会主义政治发展道路　努力把人大工作提高到一个新水平》，《求是》2008年第8期。

相关链接

- 人民日报评论员：《坚持中国特色社会主义政治发展道路》，《人民日报》2008年3月2日。

10

发展社会主义民主政治的基础性工程

——为什么要坚持和完善基层群众自治制度

刘三姐故里群众用山歌颂扬村民自治好

广西宜州，一个在中国版图上并不引人注目的边远古城，却有两件事足以使当地人备感自豪。其一，宜州是传说中“歌仙”刘三姐的故乡。其二，这里曾开创了中国农村村民自治的先河。1980年2月5日，宜州屏南乡合寨村里一棵五人合抱的大樟树下，85户村民代表分别在一张两指宽的纸条上，以无记名方式投下了自己神圣的一票，选举产生了新的管理组织——村民委员会。当时的村民们并没有意识到，正是他们布满老茧的手，拉开了中国农村村民自治的历史序幕！两年之后，农村村民委员会与城市居民委员会一道作为基层群众性自治组织正式载入我国宪法。如今，合寨村那块写有“村民委员会”字样的木牌，已经成为中国基层民主政治发展的历史见证。

基层群众自治制度是人民群众的伟大创造

基层群众自治是社会主义民主的直接体现，是人民当家作主最有效、最广泛的实现途径。我们党在准确把握社会主义民主政治发展规律的基础上，把基层群众自治制度提升为我国政治制度的一项基本内容，顺应了时代潮流，符合党心民心，必将对中国政治发展进程产生深远的影响。

基层群众自治制度的典型特征是直接民主和自我管理。人民群众直接选举居民委员会和村民委员会，决定与自身利益相关的事务，反映自己的利益诉求，维护自身权益，直接参与基层公共事务和公益

基层群众自治的发展

1990年1月《中华人民共和国城市居民委员会组织法》实施。1998年11月《中华人民共和国村民委员会组织法》实施。目前，全国绝大多数农村和城市已进行了6次以上的村（居）民委员会换届选举。截至2007年年底，我国农村有61万多个村民委员会，城市有8万多个社区居民委员会。85%的农村建立了实施民主决策的村民大会或村民代表大会，90%以上的农村建立了保障民主监督的村民理财小组、村务公开监督小组等组织，村务公开、民主评议等活动普遍开展。89%的城市社区建立了居民（成员）代表大会，64%的社区建立了协商议事委员会，22%的社区建立了业主委员会，居民评议会、社区听证会等城市基层民主形式普遍推行。

群众调解委员会在北京钟鼓楼社区成立

村委会工作人员在门前张贴换届选举公告

事业的管理。这样一种深深扎根于人民群众的民主制度，不仅可以充分调动和发挥广大群众的积极性和创造力，而且有利于人们根据本地实际进行政治建设，用民主的方式化解社会矛盾，融洽人际关系，建设幸福家园，创造美好生活。

我国基层群众自治制度最早发源于城市。新中国成立之初，北京、天津、武汉等一些城市出现了由群众自己组织起来的防护队、居委会和居民组等群众性自治组织。20世纪80年代以后，随着社会主义市场经济体制改革的不断推进，社会成员固定从属于某一个党政机关或企事业单位的社会组织管理体制逐步被打破，原来由“单位”承担的教育、医疗、卫生和住房保障等职能逐步转移到社会，这些都迫切要求城市基层管理体制进行相应变革，以加强社会管理和社会服务。正是在这样一种改革的大背景下，城市居民自治组织应运而生，逐步发展成为城市基层群众自治制度。

在我国广大农村，村民自治更是农村经济政治体制改革的直接产物，是广大农民群众的伟大创举。党的十一届三中全会后，农村改革蓬勃推进，以“大包干”为主要形式的家庭联产承包责任制取代了“政社合一、集中经营”的人民公社制，并在全国迅速推开。这一伟大变革，一方面使农民群众获得了生产经营自主权，极大地调动了生产积极性；另一方面也催生了农民群众自我管理、自我服务的要求，以改变一些地方出现的基层管理缺位和村庄无序状况。此后，村民委员会等群众自治组织雨后春笋般地发展起来，在加强农村管理、推动农村建设中发挥了重要作用。

由此可见，我国基层群众自治制度，适应了城乡经济体制改革和经济社会发展的要求，是人民群众的伟大创造。通过基层群众自治，人民群众自主管理自己的事务，这是我国基层社会组织与治理方式的重大变革和创新。

20多年来，基层群众自治制度不断发展，切实保障了人民依法行使民主权利，有力地扩大了社会主义民主，在社会主义政治生活中发挥了重要作用，已经与人民代表大会制度、中国共产党领导的多党合作和政治协商制度、民族区域自治制度一起，成为中国特色社会主义政治制度的重要组成部分。党的十七大明确强调，要把发展基层民主“作为发展社会主义民主政治的基础性工程重点推进”。坚持中国特色社会主义政治发展道路，必须进一步坚持和完善基层群众自治制度。

社会主义民主政治大厦的重要支柱

社会主义民主政治的本质是人民当家作主。在我国现阶段，人民当家作主主要通过两个途径来实现：一方面，由人民选出代表组成全国人大和地方各级人大，统一行使国家权力；另一方面，实行基层群众自治，由人民群众直接行使民主权利。这两个方面相辅相成，共同支撑起我国社会主义民主政治的宏伟大厦。

社区论坛

可以说，基层群众自治制度是这一大厦的重要支柱。基层群众自治不仅是人民群众直接管理自己事务的有效方式，而且也是真正实现人民当家作主的重要途径。在我国社会主义民主政治建设伟大征程中，发展基层民主，完善群众自治，是关乎全局的基础性工程。

召开社区评议会，倾听居民心声

基层群众自治制度体现了社会主义民主政治的特点和优势。这一民主政治制度，通过以村民自治为核心的农村基层民主、以居民自治为核心的城市基层民主和以职工代表大会为核心的企事业单位的基层民主等形式，将人民民主渗透到社会生活的各个方面。基层群众自治制度把代表制民主与直接民主有机地结合起来，充分发挥了两种民主形式各自的功能和整体合力，从而形成社会主义民主政治的独特优势，这是我国人民民主制度优越性的重要体现。

基层群众自治制度拓展了社会主义民主政治的发展路径。发展基层民主是“发展社会主义民主政治的基础性工程”，这就要求从整个政治体制改革和民主政治建设的全局来确定基层群众自治的地位和功能，将基层群众自治作为发展社会主义民主政治的着力点，探索规律，积累经验，逐步扩展民主规模，提升民主质量，循序渐进地推进社会主义民主政治建设。

基层群众自治制度增强了社会主义民主的广泛性和实效性。在城乡基层实行群众自治，让人民群众直接参与公共事务和公益事业的管理，充分反映自己的利益诉求，保护自己的权益不受侵犯，有利于增强广大群众对民主政治的认同，充分调动人们参与民主政治建设的积极性。同时，人民群众在自己生活的区域内，直接选举、民主讨论、共同决策和相互监督，有利于增强基层民主的广泛性和实效性，为广大群众所喜闻乐见、易于接受。

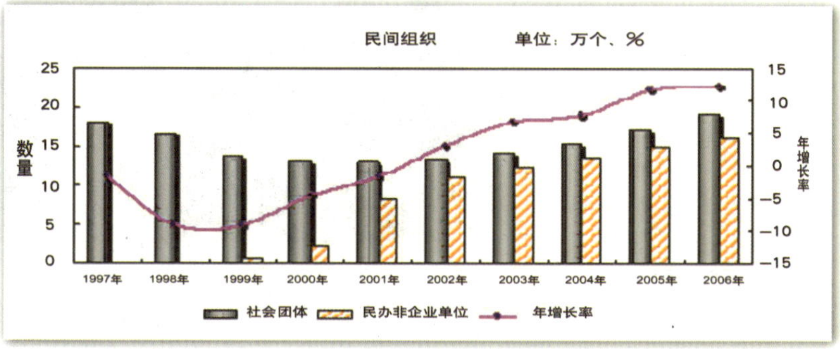

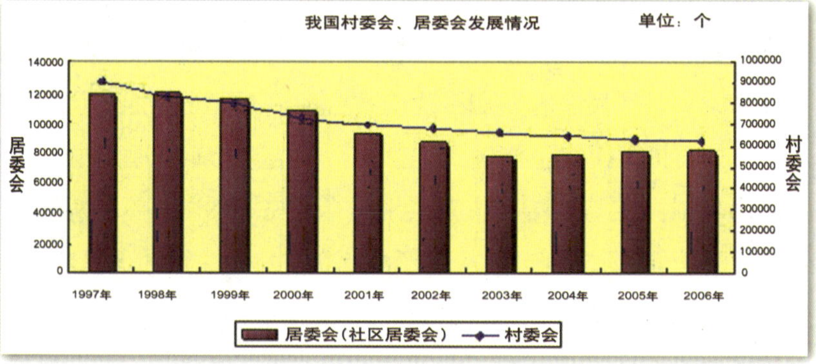

近年来我国民间组织和村委会、居委会发展情况一览表

基层群众自治制度提升了人民群众的民主素质。自我管理、自我服务、自我教育、自我监督，有利于培养广大群众的公民意识，增强对公民权利和义务的认知，锻炼参与民主政治建设的能力。可以说，基层群众自治是一所低成本、高效益的大学校，人民群众在亲身实践中学习民主、认知民主，民主意识得到不断唤醒，民主素质得到不断增强，民主能力得到不断提升。通过千万个这样的民主大学校，亿万人民将日益走向社会主义民主政治的广阔天地，构筑起我国社会主义民主政治大厦牢不可摧的根基。

在实践中不断完善和发展基层群众自治制度

改革开放30年来，我国城乡的经济体制、社会结构、利益格局发生了巨大变革，与此相适应，社会成员的思想观念正在发生重大变化，人们政治参与的积极性正在不断提升。适应新的变革和人民日益增长的政治参与要求，大力发展基层民主，进一步完善基层群众自治制度，确保人民享有更多更切实的民主权利，成为我国社会主义民主政治建设的基础性工程。

完善和发展基层群众自治制度，必须进一步加强法治建设，保证各方面自治活动在法治轨道上健康进行。群众自治，关键在依法。发展基层群众自治的过程，是法律法规不断完善的过程，也是法治化程度不断提高的过程。从具体进程看，我国基层群众自治可以说是先尝试、探索，然后再规范、推广，因此，相关法律和规定不可能一开始就完美无缺，而是需要根据自治实践的经验不断完善。例如正在实施的《村民委员会组织法》，还存在某些条文原则化、缺乏可操作性等

某村公推直选村务监督员

某社区居委会主任候选人在发表竞选演说

北京九道湾社区居民直接投票差额选举居委会成员

问题，如对村委会直接选举中贿选的界定、关于乡—村关系的规定还不够细化等。这些都需要紧密结合基层群众自治的实践，在法律法规层面不断加以完善。

完善和发展基层群众自治制度，必须适应实践发展的需求，不断扩大自治范围。我国基层群众自治目前主要集中在村民自治和居民自治领域，涵盖面还不够宽广，仍需要进一步扩大自治范围。随着经济体制的深刻变革和社会结构的深刻变化，大量新兴经济组织和社会组织蓬勃发展，并在基层社会生活中发挥着越来越大的作用，如城市中的业主委员会、农村中的行业协会和经济合作组织等等。如何扩大这些新兴社会组织的自主权、自治权和群众参与权，鼓励人们积极参与这些组织

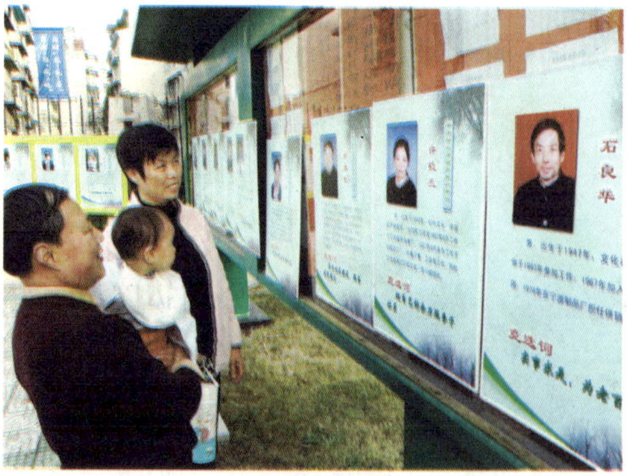

宁波市社区居委会直选试点单位

的自我管理、自我服务、自我教育、自我监督，日益成为发展基层群众自治的迫切任务。

完善和发展基层群众自治制度，必须要坚持党的领导，进一步健全基层党组织的领导机制。基层群众自治制度是在党的领导支持下，人民群众的伟大创造。党的领导是基层群众自治健康发展的根本保证。要不断完善基层党组织的组织制度和领导方式，进一步理顺基层党组织和群众自治组织的关系，发挥基层党组织对群众自治的领导作用和保障作用；要根据本地实际，不断健全和完善民主选举、民主决策、民主管理、民主监督以及财务管理、村（居）务公开等制度，为广大群众参与公共事务管理、行使民主权利提供日益完善的制度保障。

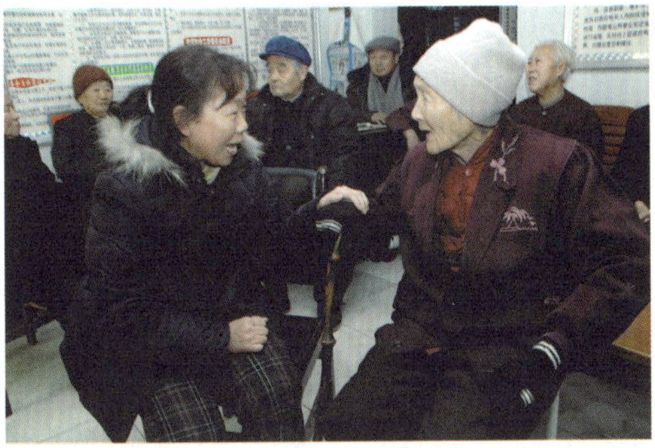
社区成立老年人倾诉吧

村财务监督小组向村民公布村里收支账目

村民小组召集村民审榜、观榜

完善和发展基层群众自治制度，必须加强服务型政府建设，进一步完善政府行政管理与群众自治有效衔接和良性互动的运行机制。如何处理好政府行政权力与群众自治权利的关系，是发展基层群众自治面临的一大现实问题。例如，一些街道和乡镇政府将居委会或村委会当成自己的行政下属组织，实行行政化管理，下达种类繁多的指令性任务，使居委会和村委会很难独立自主地开展自治活动，严重影响了基层群众自治。要改变这种现象，就必须合理划分政府“政务”与基层自治组织“村务”、“居务”的责任范围和权力边界，妥善处理乡(镇)村关系、街居关系。基层政府要加快转变职能，大力支持和扶持基层群众自治组织的发展。

完善和发展基层群众自治制度，必须高度关注人民群众的权益，建立健全与基层群众自治相适应的利益协调机制、诉求表达机制和权益保障机制。发展基层群众自治的出发点和落脚点是实现好、维护好、保障好人民群众的权益。如果广大群众的权益得不到有效保障，甚至受到损害，就不可能调动起他们政治参与的积极性，基层群众自治也就会成为一句空话。因此，必须把保障人民群众的权益放在首位，从制度上确保群众权益不受侵犯。从基层群众自治实践来看，当前应着力保证自治组织在群众利益诉求、利益表达方面的独特地位，增强村委会、居委会、职代会等社会组织在扩大群众参与、反映利益诉求方面的积极作用，使广大群众从利益实现和权益保障中不断增强参与民主政治建设的积极性。

深度阅读

胡锦涛：《提高社会主义基层民主政治建设水平　保证基层人民群众直接行使民主权利》，《人民日报》2006年12月2日。

相关链接

李学举：《我国基层群众自治制度地位的重大提升》，《求是》2008年第3期。

11

“大部制”吹出清新之风

——为什么要加快行政管理体制改革

如果评选2008年度的“流行语”和“新词汇”，“大部制”一词将当仁不让地入选其中。3月15日，随着《国务院机构改革方案》在十一届全国人大一次会议上高票通过，中国新一轮政府机构改革正式拉开帷幕。这个被称为“大部制”的方案，将转变政府职能落实到整合机构、科学配置部门职能上，新组建工业和信息化部等5个部门，不再保留国防科工委等6个部门，涉及调整变动的机构15个，减少正部级机构4个。作为行政管理体制改革的重中之重，

十一届全国人大一次会议第五次全体代表会议表决通过国务院机构改革方案

这一方案一经披露，立即引来如潮好评。由它传递的转变职能、权责统一、精简效能等清新信息，宛如三月春风，迅速吹遍神州大地。

30年来的第六次改革

国务院组成部门

国务院机构改革后，除国务院办公厅外，国务院组成部门如下：

1. 中华人民共和国外交部
2. 中华人民共和国国防部
3. 中华人民共和国国家发展和改革委员会
4. 中华人民共和国教育部
5. 中华人民共和国科学技术部
6. 中华人民共和国工业和信息化部
7. 中华人民共和国国家民族事务委员会
8. 中华人民共和国公安部
9. 中华人民共和国国家安全部
10. 中华人民共和国监察部
11. 中华人民共和国民政部
12. 中华人民共和国司法部
13. 中华人民共和国财政部
14. 中华人民共和国人力资源和社会保障部
15. 中华人民共和国国土资源部
16. 中华人民共和国环境保护部
17. 中华人民共和国住房和城乡建设部
18. 中华人民共和国交通运输部
19. 中华人民共和国铁道部
20. 中华人民共和国水利部
21. 中华人民共和国农业部
22. 中华人民共和国商务部
23. 中华人民共和国文化部
24. 中华人民共和国卫生部
25. 中华人民共和国国家人口和计划生育委员会
26. 中国人民银行
27. 中华人民共和国审计署

国务院其他机构的调整和设置，将由新组成的国务院审查批准

新华社发

改革开放以来，我国为完善行政管理体制，先后于1982年、1988年、1993年、1998年、2003年进行过五次机构改革。此次政府机构改革已是30年来的第六次。尽管每次改革的背景与任务不同，过程有难易，效果有大小，但历次改革都适应了经济社会发展的阶段性需要，政府职能转变取得重要进展，机构设置和人员编制管理逐步规范，体制机制创新取得积极成效，行政效能显著提高，为中国这艘巨轮的破浪前行提供了重要的制度保障。

机构改革为何要不断进行？各级政府拥有人民赋予的公共权力，掌握和控制着大量的公共资源，作为国家事务和社会事务的决策者、管理者，具有极为重要的地位，它的组织和运转牵涉到国家经济、政治、文化、社会生活的方方面面。改革开放以来党的历次全国代表大会，都把行政管理体制

和机构改革作为发展社会主义民主政治的一个重要举措加以强调。改革开放30年来取得的重大进展，都与推进行政管理体制改革密切相关。

从总体上看，我国目前的行政管理体制基本适应经济社会发展的要求。但面对新的形势和任务，当前行政管理体制还存在着一些不相适应的方面：政府职能转变还不到位，社会管理和公共服务基础较为薄弱，机构设置不尽合理，部门职责交叉、权责脱节、效率不高的问题比较突出，有些领域权力仍然过于集中，且缺乏有效制约监督等。这些问题直接影响政府全面正确履行职能，在一定程度上制约经济社会发展，因此，深化行政管理体制改革势在必行。

从经济方面看，政府作为经济事务的管理者，如果不能按照落实科学发展观的要求加快行政管理体制改革，那么，深化经济体制改革、转变经济发展方式就会遇到阻力，受到制约。大量事实表明，政企不分、政资不分问题不解决，现代企业制度就难以建立；行政垄断和地区封锁不打破，统一开放竞争有序的现代市场体系就难以形成；政府管理方式不转变，有效的宏观调控体系就难以健全；政绩考评体系不科学，单纯追求GDP增长速度、粗放增长方式、环境资源矛盾等深层次问题就难以克服。

从政治角度看，行政管理体制改革是政治体制改革的重要内容，也是完善社会主义民主政治的一个切入点。改革政府机构，有助于理顺党政机构之间的关系，增强党和国家的活力；推行政务公开，建立科学民主决策体制，有助于扩大公民的有序政治参与，为公民参与经济、文化、社会的管理创造条件；将过多包揽的事务回归社会，有助于扩大基层群众的自治范围和内容，发展基层民主；实行依法行政、建设法治政府，有助于落实依法治国方略，建设社会主义法治国家。

各级政府积极向服务型政府转变

某行政服务中心为群众便捷办理出入境通行证和护照

从社会发展看，我国现阶段社会利益关系日益复杂，深层次社会矛盾开始显现，人民群众对就业、教育、卫生、文化、社保、住房、公平分配、安全等方面的需求日益增强。只有加快行政管理体制改革，理顺政事关系，才能形成与社会良性互动、共同治理的局面；只有转变政府职能，才能消除经济社会发展“一条腿长、一条腿短”的现象，解决好民生问题，促进社会公平正义；只有创新行政管理方式，才能有效化解新的社会矛盾，促进社会和谐。

正是着眼于这样的大局，党的十七大作出了“加快行政管理体制改革，建设服务型政府”的战略部署，提出了“加大机构整合力度，探索实行职能有机统一的大部门体制”的改革思路。党的十七届二中全会又通过了《关于深化行政管理体制改革的意见》，确定了深化行政体制改革的总体方案。

大部门体制的内在优势

“三个和尚”的故事在我国可谓家喻户晓，其道理十分简单：一件事最好由专人专管，否则，政出多门，多头共管，职责不清，反而会出现“三个和尚没水喝”的窘境。现实生活中，这样的事例并不鲜见。例如，在一些地方，一条河有几个部门管：水利局管农村段，环卫局管河流下水道，市政局管河道，国土局管地下水，河水管理办公室管综合治理，各管各的，“有利的争破头，无利的踢皮球，有责的躲着走，无责的抢着管”。可以预见的是，随着大部制的探索和实施，这种现象将会得到改变。

2008年3月23日19时，“中华人民共和国交通运输部”牌匾在原交通部大楼门前挂出

所谓“大部制”，即大部门体制，是指将职能相近的部门整合重组为一个较大部门而形成的政府组织形式，以减少机构重叠、部门职能交叉，增强综合协调能力，使政府组成部门的数量保持适中精干。

中国公共服务体制建设与政府转型国际论坛开幕

实行“大部制”，最核心的目标是转变政府职能。目前，政府职能转变不到位，“越位”和“缺位”现象并存。其主要原因，就在于部门职能配置不够科学、机构设置不尽合理。大部制改革将会加快推进政企分开、政资分开、政事分开、政府与市场中介组织分开，把不该由政府管理的事项转移出去，把该由政府管理的事项切实管好，从制度上更好地发挥市场在资源配置中的基础性作用，更好地发挥公民和社会组织在社会公共事务管理中的作用，更加有效地提供公共产品。

实行“大部制”，有利于优化组织结构。经验表明，政府职能与机构设置有着内在联系，政府职能变化了，机构设置也要相应调整。改革开放以来，我国精简了许多专业经济管理部门，健全了宏观管理部门、市场监管部门，同时逐步增设了环保、社保、信息、能源等新的管理部门。这些逐步健全和增加的机构，是政府履行职能所必需的，但也出现了分工过细、机构扩张的趋向。实行大部门体制，将职能相近的部门重组为大部门，既可保证政府有效履行各项职能，又能防止机构数量不断膨胀，形成精干高效的现代政府组织结构。

实行“大部制”，另一个着眼点是提高政府效能。政府部门职能交叉、权责配置脱节、多头重复管理的问题比较突出，成为影响行政效能的体制性障碍。例如在城乡建设、环境资源、交通运输、食品药品管理等领域，都存在着类似的问题。实行“大部制”，从体制上减少职能交叉现象，理顺部门关系，明确部门责任，无疑有助于提高政府效能。

不断完善中国特色社会主义行政管理体制

党的十七届二中全会明确提出，深化行政管理体制改革的总体目标是，到2020年建立起比较完善的中国特色社会主义行政管理体制。屈指算来，现在离2020年已不足12年，时间紧迫，时不我待。要完成这一艰巨任务，当前最主要的是实现三个重点目标。

北京市轨道交通全路网实行单一票制2元

要做好公共服务文章，加快向服务型政府转变。公共服务是政府的主要职能，是现代政府的显著特征。例如，北京市于2007年初推行“公交一卡通”，实施廉价公交政策，“廉价公交风暴”很快在全国各地得到响应。北京市的“廉价公交政策”就是公共服务的典型产品。服务型政府的主要标志是：坚持全心全意为人民服务的宗旨，贯彻以人为本的理念，把为人民服务作为各级政府的神圣职责和全体公务员的基本准则，作为人民政府的基本要求，作为一切活动的出发点和落脚点。在机构设置、职能确定、资源配置等方面，注重和强化公共服务，不断改善民生，全面提高公共服务能力和水平。创新政府管理和服务方式，实现管理与服务的有机结合。推行政务公开，简化办事程序，寓管理于服务之中，在管理中体现服务，支持社会组织参与社会管理和公共管理，增强社

"限时办理"举措使服务全面提速

会自治功能。健全公共政策体系，维护、促进和实现社会公平正义。

要把法治观念根植于心，推进依法行政，建设法治政府。要做到组织法定、合法行政、合理行政、程序正当、高效便捷、诚实守信。政府机构的组织和政府职能的设定，应当有法律、法规的依据，实现机构、职权、责任、编制的法定化。实施行政管理，应当依照法律、法规、规章的规定进行，无法定依据，不作出影响公民、法人和其他组织合法权益的决定。应当遵循公平、公正的原则，平等对待当事人，正确行使行政裁量权。政府的管理和服务，除涉及保密以外，原则上都应当公开。

公章授权到窗口，群众轻松办审批

实施行政管理和提供公共服务，应当严格遵守法定时限，积极履行法定职责，简化办事程序，方便当事人。政府公布的信息应当全面、准确、真实，具有公信力，非因法定事由，非经法定程序，不得撤销、变更已经生效的行政决定。

群策群力，加速形成权责一致、分工合理、决策科学、执行顺畅、监督有力的行政管理体制。这是现代行政管理系统正确组织和有效运行的重要标志。权责一致，就是要做到有权必有责，实行权责对等。分工合理，就是要进一步明确各部门的职责权限，避免职责交叉、政出多门。决策科学，就是要健全各级政府决策机制，使各项重要决策符合客观规律，符合认识规律，符合施政规律，减少决策失误，从制度上保证决策内容和决策程序的科学。执行顺畅，就是要保证法律法规和政策措施在全国范围内的有效执行，消除有令不行、有禁不止的现象。建立健全决策权、执行权、监督权既相互制约又相互协调的权力结构和运行机制，提高政府执行力。监督有力，就是要用制度管权、管事、管人，健全质询、问责、经济责任审计、引咎辞职、罢免等制度，提高政府工作透明度，保证人民赋予的权力始终用来为人民谋利益。

连云港"行风热线"连民心

"制国有常，而利民为本；从政有经，而令行为上。"这是战国时谋士劝说赵武灵王果断推行"胡服骑射"改革的一段话，大意是说，治理国家有一定的法则，要以有利人民为根本；从事政治有一定的原则，要以政令畅通为首要。可以预见，尽管这是一项非常艰巨复杂的工作，但随着以“利民便民”、“政令畅通”为依归的行政管理体制改革的深入推进，建设人民满意的政府的目标一定能够实现！

深度阅读

- 《中共中央关于深化行政管理体制改革的意见》，《人民日报》2008年3月5日。

相关链接

- 华建敏：《关于国务院机构改革方案的说明》，《人民日报》2008年3月11日。
- 《中央编办负责人就深化行政管理体制和机构改革答人民日报、新华社记者问》，新华社2008年3月11日电。

12

让权力在阳光下运行

——为什么要完善权力制约和监督机制

2007年初冬，一幅被称为“史上最牛公章”的图片被众多网站广为转贴，成为各界关注的热点新闻。这枚来自贵州偏僻乡村的印章，刻有“平秋镇圭叶村民主理财小组审核”字样，分为五瓣，分别由四名村民代表和一名党支部委员保管。该村规定，村里开销须经他们中至少三人同意后，才可将公章合并起来使用。据报道，自从有了这枚特殊的公章，圭叶村的账目理顺了，财务透明了，村民们关于村委会的财务投诉也没有了。

对一枚普通公章的热议，从一个侧面反映出人们对权力有效制约和监督的关注与期盼。只有让权力在阳光下运行，才能确保人民赋予的权力为人民谋利益。

权力是柄“双刃剑”

谈到对权力的制约和监督，有必要对权力的属性做一些探讨。据《广雅·释器》解释：“锤，谓之权。”“锤”具有衡量判断轻重的功能。可见，“权”的本义是“衡量审度”，引申义是“制约别人的能力”。在现代意义上，权力一般是指在国家范围内由政权机构统一掌握行使，对社会具有普遍约束和强制的影响力或支配力。

人类社会的演进史表明，权力无论是作为政治上的强制力量，还是作为职权上的支配力量，都是一柄“双刃剑”：如果运用得当，它可以为人类社会进步带来巨大利益；如果运用不当、对权力的制约和监督缺失，则会给社会民众造成深重灾难。

从积极角度看，权力的公共性、等级性、整合性、工具性、有限性等，确

> **权力运作方式**
>
> **强制** 权力主体直接运用暴力或威慑的手段施加于权力客体的方式，这是权力运用的极端方式，在实施中需要付出较大代价。
>
> **命令** 权力主体通过明示自己的意志要求权力客体按照具体指令行动的方式，这种方式主要表现为政治指令和行政命令。
>
> **说服** 权力主体依据主导的价值理念和可行的实施方案与权力客体进行沟通并使其信服的方式。
>
> **奖惩** 权力主体运用各种价值和资源或依据某种规范对权力客体进行奖励或惩戒的方式。

保了权力能够维护公共秩序，实现社会民众的公共利益。假如没有权力存在，人类文明可能长期在黑暗蒙昧中徘徊，人类社会也会陷入无休止的混乱和无序状态。历史上曾有人设想过没有权力存在的社会状态，然而，文明演进的轨迹已经表明，这只能是一种乌托邦式的社会空想。只要人类以群居方式生存与发展，权力就不可或缺。正是依靠权力的有效运作，才谈得上稳定、安全、有序的公共生活。

国家预防腐败局成立

从消极角度看，权力的扩张性、干预性、支配性、诱惑性、腐蚀性等，又使不受制约和监督的权力极易蜕变为少数专断者谋取私利、损害公益的工具。清朝的历史学家在总结明朝的历史教训时得出一个富有哲理的结论——“贿随权集”，意思是指贿赂腐败总是跟随权力而聚集起来，谁权重势大，那些“贿者”就会蜂拥而至。

因此，正确认识权力的双重属性，通过制约和监督来确保“用权为公”，便可以有效维持公共秩序、调配重要资源、协调利益纷争、实现公平正义。反之，任由权力滥用，“以权谋私”，就会侵害国家和民众的根本利益。

阳光是最好的防腐剂

阳光具有除菌、消毒的功能，它能增强人体免疫力，让万物充满勃勃生机，是最好的防腐剂。让权力在阳光下运行，意味着权力公开、透明、公正、合理地行使，防止权力行使者滋长贪欲、越轨行权、腐

反映毛泽东与黄炎培谈话的国画作品——《肝胆相照》，蒋为民作

败变质。

说到权力在阳光下运行，有一则经典故事。抗战胜利后，民主人士黄炎培曾在延安与毛泽东同志有过一场著名的“窑洞谈话”。黄炎培说：“余生六十余年，耳闻的不说，所亲眼见到的，真所谓‘其兴也勃焉，其亡也忽焉’。一人，一家，一团体，一地方，乃至一国，不少单位都没有能跳出这周期率的支配力。”毛泽东同志说：“我们已经找到了新路，我们能跳出这个周期率。这条新路，就是民主。只有让人民起来监督政府，政府才不敢松懈；只有人人起来负责，才不会人亡政息。”在这里，毛泽东同志将人民群众对权力的制约和监督当做避免人亡政息、保持政权生机活力的一副良方。

我国宪法规定：中华人民共和国的一切权力属于人民。宪法和基本法律确立了人民在权力制约和监督机制中的主体地位，权力为实现人民的根本利益而存在，权力必须接受人民的监督。这就意味着权为民所有、权为民所授、权为民所用、权为民所控，接受人民监督是每一位权力行使者必须履行的政治义务。党的十七大报告进一步强调，要“保证人民当家作主”，“保障人民的知情权、参与权、表达权、监督权”等基本政治权利。这些都为制约和监督权力、体现人民当家作主提供了现实依据和制度基础。

制约和监督权力，才能避免权力腐败。广大党员、干部并不是生活在真空里，在腐败问题上没有天然免疫力。随着我国改革深化，社会价值观呈现出多元化倾向，利益结构的分化也逐渐加剧，社会上形形色色的腐朽落后思想同样会侵蚀一些党员、干部。如果思想防线不牢、意志不坚定，就很容易受到腐败病毒的感染，甚至跌入腐败的泥坑。大量情况表明，一个长期执政的政党，要始终保持清正廉洁、经受住各种消极腐败现象的考验是很不容易的，需要付出十分艰辛的努力。强化权力制约和监督，努力形成拒腐防变教育长效机制、反腐倡廉制度体系、权力运行监控机制，才能切实提高反腐倡廉建设的成效，为全面建设小康社会提供有力政治保证。

制约和监督权力，也是提升政府效能的有效途径。在供给公共产品的过程中，政府所收集掌握的决策信息可能是有限的、不充分的，此时，若政府盲目决策便会导致决策失效、失败。制约和监督权力，既可为政府决策提供真实、丰富的信息，又可增强政府决策的针对性、合理性与科学性，还可以有效遏制公职人员的不作为和不当作为。近年来，我国各级政府机构坚持科学民主决策，不断完善公众参与、社会监督、专家论证与政府决定相结合的决策机制，凡是关系国计民生的重大决策，凡是涉及人民群众切身利益的重要事项，都认真听取社会各界和专家学者的意见。许多地方和部门还建立了行政决策问责制、社会公示和听证制度。兼听则明，偏听则暗。这些制度和机制的实施，有效地避免了行政决策的盲目性和随意

山东日照政风行风评议实行“阳光操作”

性，预防和减少了决策失误发生，在建设服务政府、责任政府、法治政府和廉洁政府方面取得了可喜的成就。

阳光普照天地宽

“市长同志，您好！我们小区下水道堵塞，请您过问一下！”2008年3月11日，家住江苏省南京市某小区的刘先生通过南京市人民政府网站的“市长信箱”，生平第一次给市长写信，没想到第二天就有了回信，问题很快得到解决。这得益于南京市的“权力阳光运行机制”。通过这个机制，南京市各级政府的权力实现了“大小有边界，运行依流程，网上留痕迹，全程受监督”，权力的透明度与行政效率大幅提升。

南京市人民政府网站网页截图

南京市的“权力阳光运行机制”，只是全国各级政府行政公开、透明运作的一个缩影。随着政治体制改革的深化，我国现有的权力制约和监督机制仍在不断完善，它必将对于进一步发展社会主义民主、建设社会主义法治国家发挥重要作用。

让权力在阳光下运行，关键在于建立健全决策权、执行权、监督权既相互制约又相互协调的权力结构和运行机制。要通过适当分解决策权、执行权、监督权，使决策职能、执行职能、监督职能由不同部门相对独立行使，努力形成不同性质的权力既相互制约、相互把关，又分工负责、相互协调的权力结构，做到决策更加科学，执行更加高

重庆举行网上立法听证会

北京海淀区人大代表向选民述职

效，监督更加有力，从而保证权力依法运行，最大限度地防止权力滥用现象的发生。

让权力在阳光下运行，必须健全法制和程序规则，把不同权力形式通过法律和规章确定下来，纳入法制化、程序化轨道，保证分工明确、各司其职、各负其责，按照法定权限和程序行使权力、履行职责。要通过组织立法、程序立法来明确国家机关的法定权限和相应的程序规则。要完善各类公开办事制度，提高政府工作透明度和公信力。

让权力在阳光下运行，必须明确制约和监督的重点所在。要加强对领导机关、领导干部特别是各级领导班子主要负责人的制约和监督。各级领导班子主要负责人位高权重，遇到的诱惑和考验也多。如果领导干部腐败变质，会给党和人民造成更严重的危害，甚至可能影响到一个地区、一个部门的风气。同时，还要加强对重点环节和重点部位权力行使的制约和监督，切实加强对干部选拔任用、财政资金运行、国有资产和金融的监督或监管。

让权力在阳光下运行，必须充分发挥各制约和监督主体的积极作用，提高制约和监督的整体效能。按制约和监督主体划分，我国权力制约与监督机制主要包括党内监督、人大监督、政府专门机关监督、司法监督、政协民主监督和社会监督等六种类型。总体看来，这些监督机制彼此取长补短、配合协同，为确保权力在阳光下运行、构建社会主义法治国家发挥了积极作用。如何体现人民群众在上述六种权力

党内监督确定七大重点

《中国共产党党内监督条例（试行）》规定了7项党内监督的重点内容：

- 遵守党的章程和其他党内法规，维护中央权威，贯彻执行党的路线、方针、政策和上级党组织决议、决定及工作部署的情况；
- 遵守宪法、法律，坚持依法执政的情况；
- 贯彻执行民主集中制的情况；
- 保障党员权利的情况；
- 在干部选拔任用中执行党和国家有关规定的情况；
- 密切联系群众，实现、维护、发展人民群众根本利益的情况；
- 廉洁自律和抓党风廉政建设的情况。

周大庆 编制（新华社2月18日发）

制约和监督机制中的重要作用，提升制约和监督的整体效能，将是今后需要取得新突破的关键领域。应综合运用多种制约和监督形式，继续拓宽监督渠道，把党内监督与人大监督、政府专门机关监督、政协民主监督、司法监督、社会监督等结合起来，发挥民主党派、社会团体和新闻舆论的监督作用，整合监督资源，形成监督合力，大力提高监督的整体效能。各级党委政府要加强对权力的授予过程、行使过程和权力运行结果的全程监督，保证人民赋予的权力真正用来为人民谋利益。

深度阅读

- 《中国共产党党内监督条例》，人民出版社2004年1月版。
- 《中华人民共和国政府信息公开条例》，人民出版社2007年8月版。

相关链接

- 《党员领导干部廉洁从政手册》，中国方正出版社2003年6月版。

13

奥运之年话契机

——为什么说北京奥运会是中国和世界共同的盛会

2008年3月30日，北京奥运会圣火交接仪式在雅典1896年首届现代奥运会会场举行

2008年3月24日上午11时，北京奥运会圣火采集仪式在希腊古奥林匹克遗址隆重举行。美丽典雅的最高女祭司用圣火火种点燃希腊运动员尼克拉泽斯手中的火炬，尼克拉泽斯手持火炬跑过古奥林匹克竞技场，奔向顾拜旦纪念碑，就此拉开了北京奥运会火炬接力的序幕。从雅典到北京，奥运圣火先后在五大洲、在国内外点燃着激情，传递着梦想。8月8日晚8时，奥运会的火炬将来到北京奥运会开幕式的现场——被称为“鸟巢”的国家体育场，点燃

第29届奥运会的主火炬。

北京奥运会是全世界的体育盛事，不仅属于中国人民，也属于世界各国人民。举办一届成功的奥运会，弘扬团结、友谊、和平的奥林匹克精神，推进奥林匹克运动普及和发展，增进世界各国人民的相互了解和友谊，是中华民族的百年企盼，也是世界各国人民的共同心愿。在各国人民的大力支持和帮助下，中国一定能够成功举办一届有特色、高水平的奥运会，为中国和世界体育事业留下一笔独特的财富。

增进中国人民同世界各国人民的相互了解和友谊

奥运会是全球体育竞技的大舞台，是全世界体育健儿四年一次的大团聚，是世界各民族之间对话、交流、沟通的盛大节日。在奥运会这个全球性的大舞台上，所展示和交流的不仅仅是精彩的体育赛事和奥林匹克精神，更是奥运举办国的国家形象、文化魅力、国民素质、综合实力和世界各国独特的历史风情和文明成果。

北京奥运会火炬接力标志

北京奥运会，是历史悠久的奥林匹克运动与源远流长的中华文明的一次伟大握手，是世界各国文化与中国文化的一次热烈拥抱，也是东方文明与西方文明的激情对话。

2008年，世界的目光将聚焦中国。这既为我们全面充分展示和提升国家形象提供一次难得的机遇，也为国际社会全面了解中国创造了一个不可多得的机会。据估计，将有来自205个国家和地区的1万多名运动员参加北京奥运会，如果加上教练员、裁判员、政府官员、新闻记者等相关人员，参加本届奥运会的总人数将达7万人左右。奥运会期间，通过电视观看奥运会的观众人数将超过50亿人次，通过网络观看奥运会的人数也将超过30亿人次，来自世界各地的旅游者将超过100万人。我们要充分利用这一机遇，让不了解中国的人认识中国，让对中国了解不多的人更全面深入地了解中国，让对中国存在这样那样误解的人重新认识中国，更加全面、客观、准确地了解真实的中国。奥运会也将使中国同世界其他国家的联系更加密切，在加深世界对中国了解的同时，也加深中国对世界的了解。在弘扬奥林匹克文化、促进相互交流的过程中，我们将以更加开阔的国际视野、更强的自信和博大的胸怀，学习和借鉴世界上一切文明的优秀成果，不断增进中国人民与世界其他国家人民的相互了解和友谊。

那么，通过奥运会，我们要向全世界展示一个什么样的中国形象呢?

展示改革开放和现代化建设取得的辉煌成就。中国是一个正在进行社会主义现代化建设的发展中大国。改革开放以来，中国坚持自己的发展道路、发展模式，经济建设、政治建设、

"无论你们今天作出什么样的选择，都将载人史册。但是只有一种决定可以创造历史。你们今天这个决定可以通过体育促进世界和中国友好相拥在一起，从而造福于全人类。""选择北京，你们将在奥林匹克历史上第一次将奥运会带到拥有世界上五分之一人口的国家，让十亿人民有机会用他们的创造力和奉献精神为奥林匹克运动服务。"

——何振梁的申奥演讲节选

"评估委员会成员一致认为北京举办2008年奥运会将会给中国和世界体育事业留下一笔独特的财富。"

——国际奥委会对北京申奥的评估报告节选

北京CBD中央商务区

文化建设、社会建设全面推进，综合国力迅速提升，国家形象不断改善，国际影响力不断增强，正处于历史上发展速度最快、社会最稳定的时期，社会主义中国的面貌发生了历史性变化。同时中国仍然是一个发展中国家，与发达国家在发展水平上还存在不小的差距，中国人民正在为全面建设小康社会、实现社会主义现代化而努力奋斗。

展示源远流长、博大精深的中华文化魅力。中华文化历经5000多年而不衰，重视道德建设，强调个人的修身养性，把“和为贵”、“讲信修睦”作为处理人际关系、国际关系的基本原则，这些优秀的传统文化资源在今天的世界上仍有着非常重要的现实价值。中华文化在其长期的发展过程中所表现出来的对外来文化的巨大包容性和融合力，在不同文化交流、交融、交锋的时代日益展现出她的巨大魅力。当代的中华文化，坚持面向现代化、面向世界、面向未来，坚持既体现民族精神又体现时代特征、继承民族文化的优秀传统与吸收借鉴外来有益文化相结合的原则，在文化创新中不断繁荣发展。通过奥运会，中华文化将迎来与世界其他国家民族文化的一次全面的交流和对话，必将使自身焕发出新的活力。

展示13亿中国人民蓬勃向上的精神风貌。中华民族具有团结勤劳、热情友好、积极进取的优良品格。团结勤劳是中华民族的传统美德，“人心齐，泰山移”、“民生在勤，勤则不匮”的古训在一代又一代的中国人中延续；热情友好是中国人民的待客之道，“有朋自远方来，不亦乐乎”，展现了中华民族的开阔胸怀；积极进取是中国人民的生活哲学，“天行健，君子以自强不息”，体

北京人文奥运社区——天桥民俗文化体育社区揭牌

宏伟的“鸟巢”内景

现了中华民族精神的精髓。伴随着经济社会的迅速发展、对外交往的不断增多，中国人民的整体素质得到显著提高，文明素养明显提升，日益表现出良好的精神状态，展现出蓬勃向上、坚定自信的精神风貌。

当然，展示中国民主进步、文明开放的形象，还要通过每个人的努力，靠的是我们扎扎实实的工作：从一个个新建的体育场馆及配套设施、城市的基础公共服务设施等物质条件，到完善、高效、全面的社会服务和清新整洁的城市环境，从包括你我在内的每个人的一言一行，到体现在北京奥运标识、城市景观、人们精神状态中的浓厚文化底蕴……这意味着，每一个中国人都是中国形象的代言人。

民心因奥运而凝聚，精神为奥运而振奋。中国人民为办好奥运会魂牵梦绕、群策群力，力争把第29届奥运会办成一届有特色、高水平的奥运会。“同一个世界、同一个梦想”，通过奥运会的成功举办，一个更加文明、更加开放、更加和谐的中国将展现给世界，奥林匹克精神也将在这片东方古老大地上发扬光大。

提升百姓健康素质与生活质量

奥运会在13亿人口的中国举行，奏响了现代奥林匹克运动的一个新乐章。在北京成功举办这一体育盛会，必将进一步弘扬奥林匹克精神，促进奥林匹克竞技水平的提高，增进奥林匹克国际大家庭的团结和友谊；同时也将成为发展我国体育事业难得的历史机遇，对我国群众体育、竞技体育和体育产业等各项工作起到极大的推动作用，有助于让更多的老百姓拥有健康，享受体育带来的快乐。

北京奥运会的举办，将极大地唤起全国各族人民对体育运动的热情和爱好，使奥林匹克精神在人民心中扎根开花，必然进一步推动我国体育事业的发展。我国的运动员、教练员正在悉心备战，力争在本届奥运会上取得好成绩，使我国的体育竞技水平上一个新的台阶；随着奥运盛会的临近，新一轮的"体育热"也在逐步升温；体育产业和对外体育交流也将搭乘奥运会的快车，获得较快的发展。

全民健身迎奥运

举办奥运会，也是群众体育发展的大好时机。

植树种草，打造绿色奥运

倡环保，织布袋

群众体育历来是奥林匹克运动不可或缺的组成部分，提倡全民参与是奥林匹克文化的重要内容。满足人民群众日益增长的体育文化需求，提高全民族健康素质，建设具有中国特色的全民健身体系，始终是筹办奥运会工作的着力点之一。“全民健身与奥运同行”、“人文奥运进社区”、“人文奥运神州行”、“强健体魄——迎奥运全民健身体育活动”等具有较大规模和深远影响的一系列大型群众体育活动，正在使更多的人参与到体育健身活动中来，从体育运动中享受快乐，通过体育健身拥有健康。北京奥运会的筹备期和举办期，同时成了群众体育知识的普及期、全民健身意识的提高期、全民体质健康水平的促进期和群众体育事业的发展期。

奥运会的举办，还是提高全民环保意识、改善城市环境的难得机遇。环境保护是奥林匹克精神的支柱之一。生活环境的好坏，直接关系到人们身体健康，关系到人们的生活质量，健康的生命离不开良好的生态环境。北京奥运会提出绿色奥运的理念，把生态环境保护与治理作为筹备和举办奥运会的一项重要内容，这是奥运精神以人为本的具象化。在绿色奥运、科技奥运、人文奥运理念的积极推动下，首都北京和全国许多地方的人居环境、空气质量、交通状况都有了明显的改善。可以说，奥运会的举办，使中国的老百姓离“享受体育、拥有健康”的目标更近了。

有力推动我国经济社会发展

奥运会作为当今世界最大规模的国际性、综合性的大型社会活动之一，因其以巨大的综合社会效益推动社会发展，被称为“当今时代中最伟大的社会力量之一”。筹备和举办奥运会，需要全社会各个方面的参与和协作，事实上是对举办国和举办城市在政治、经济、文化和教育等方面的一次大检阅，从而带动社会相关部门的发展，产生巨大的经济效益和社会效益。

北京奥运会对中国经济建设、城市发展的促进作用是显而易见的。这种促进作用主要表现在：创造大量的就业机会，带来巨大的旅游收益，促进城市基础设施的改造，带动电子、通信、建筑、体育用品、服务等部门及行业的发展。根据测算，北京筹备和举办奥运会的7年间，平均每年拉动中国GDP增长0.3到0.4个百分点，每年对北京经济增长速度的拉动作用在2个百分点以上，创造了180万个就业机会。中国的许多企业将借助北京奥运会这个平台走向世界，外国企业也将通过各种有效手段借机进入中国，以达到共享奥运会这个“大蛋糕”的目的。同时，奥运会部分赛事举办城市香港、青岛、上

海、沈阳、秦皇岛、天津，都借助奥运的契机大大提升了城市的形象，推动了城市的发展，呈现出全面繁荣的良好态势。这些都将促使中国经济继续朝着又好又快的方向健康发展。

全国百家“老字号”代表研讨奥运商机

北京奥运会将加速推动中国的技术创新、管理创新、制度创新。在纪念改革开放30周年之际举办奥运会，看似巧合，实则偶然中有必然。没有30年的改革开放，中国就不可能有举办奥运会的基础和条件。奥运会的筹备和举办，既是对改革开放取得的重大成果的集中展示和充分肯定，又是推动深化改革、扩大对外开放的一个积极因素。奥运会是对举办国和举办城市各项工作的一次检阅和考验，势必促进管理体制、运行机制等方面的进一步改革和完善。中国的全面改革只会越来越深化，对外开放的步子只会越来越大、越来越快。

北京地铁工作人员展示“让座日”文化车票

北京排队推动日，倡议汽车也排队

北京奥运会将成为提高国民文明素质和城市文明程度的催化剂。提升市民文明素质既是奥运成功的保证，又是北京筹办奥运的目标之一。奥运会的举办将引导举办国和举办城市的居民更加遵守基本道德规范，减少语言不文雅、举止不文明、服务不规范的现象，形成良好的礼仪习惯和文明风尚。随着“迎奥运、讲文明、

奥运志愿活动

志愿活动是北京奥运会的亮点之一，它充分展示了北京市民“我参与、我奉献、我快乐”的崭新风貌。北京奥运会志愿者项目自2005年6月正式启动以来，已经形成了由赛会志愿者、城市志愿者、社会志愿者、“迎奥运”志愿服务、北京奥组委前期志愿者、奥运会志愿者工作成果转化等六个工作项目和“微笑北京”主题活动组成的总体格局。

目前，北京奥运会、残奥会赛会志愿者报名人数达到112万，除了参与赛会志愿服务和城市志愿服务外，越来越多的热心市民参与到社会志愿者的队伍中来。城市志愿者报名人数已超过136万。

树新风——我参与、我奉献、我快乐”活动在全国范围内全面开展，“首都文明从我做起”、“排队推动日”、“文明北京行”、“微笑北京、志愿奥运、共创和谐”等活动得到社会各界的广泛响应。中山市在青少年中开展“北京奥运·有你有我”教育实践活动，普及文明礼仪，宣传奥运知识；宁波市开展“北京奥运　宁波同行”系列志愿活动，社区奥运火炬传递、乡村小小奥运会……形成了千家万户盼奥运、迎奥运、服务奥运的浓厚氛围。广大市民在参与活动中贡献力量，在贡献力量中享受奥运带来的快乐，市民文明素质、城市文明程度显著提升。以北京为例，根据中国人民大学人文奥运研究中心2008年年初的调查，2007年北京市民公共行为文明指数为73.38，比2006年提高4.32个分值，比2005年提高8.17个分值。

延伸“后奥运”的繁荣与进步

2008年奥运会将在经济、社会、文化和体育等领域为北京、为中国留下宝贵的遗产，既包括有形的物质遗产，也包括无形的精神文化遗产。这些遗产，是全世界和奥林匹克运动送给中国人民的特殊礼物，将成为造福中华民族、惠及子孙后代的宝贵财富。当前，在对后奥运时代的关注中，最突出的莫过于“后奥运经济”问题了。

其实，无论是奥运经济还是“后奥运经济”，对于举办国和举办城市经济社会发展的影响有共性也会有差异。由于举办国经济发展阶段不同，经济结构和经济规模不同，因此奥运会带动经济的程度以及奥运会之后所谓的低谷效应也各不相同。同时，在奥运会举办前后，能否统筹规划、积极应对，也至关重要。

奥运经济对北京经济的影响是可观的，对中国经济的发展也将起到积极的推动作用。2008年北京奥运会后，中国经济发展的动力依然会强劲。中国经济规模仍将继续快速扩大，经济设施的投资空间、产业升级的机会仍会很多，消费增长和外商投资也仍将维持在高位，因此，奥运会后中国经济仍将保持健康增长的态势。

就北京而言，奥运会后，北京的经济不会发生衰退，也不会出现经济发展的所谓“拐点”。比如北京的房地产目前还继续保持发展，奥运会后这种趋势短期内不会有大的改变；北京会继续成为旅游热点，旅游、购物、住宿、餐饮服务的市场需求不会低落；等等。另外，北京吸取了其他举办城市的经验教训，在奥运场馆建设的初期，就从整

奥运经济市场推介会开幕

北京奥运场馆的赛后利用

国家游泳中心“水立方”在设计之初就体现出对赛后运营功能的高度重视。通过奥运赛后改建，游泳中心的竞赛功能面积届时将只占到总面积的21.4%左右，赛后将是一个戏水乐园，运营的主体是人造冲浪海滩，围绕它还有种类繁多的水上娱乐、健身、培训等设施，建成后将是北京最大型、最全面的市民水上游乐中心，为将来的市场化运营管理提供了广阔的发展空间。

国家体育馆“鸟巢”秉持可持续发展的理念，在满足奥运使用功能的前提下，充分考虑永久设施和临时设施的平衡。“鸟巢”共设10万个座席，其中8万个是永久性的，另外两万个是奥运会期间临时增加的。根据规划，“鸟巢”所在的奥林匹克公园中心区赛后将成为一个集体育竞赛、会议展览、文化娱乐、商务和休闲购物于一体的市民公共活动中心，以提高场馆利用效率，满足多种需求，为成功实施“后奥运开发”奠定坚实基础。

体布局、赛后利用、市民需求、社区配套和市场运营等方面予以充分考虑和统一规划。

相对于“后奥运经济”而言，我们更应该关注北京奥运会对世界奥林匹克运动将会贡献哪些遗产？奥运会将给我们留下哪些精神文化遗产？我们又将如何用好这笔宝贵的财富？

可以说，北京奥运会贡献给世界奥林匹克运动的最主要遗产，是奥林匹克精神与奥林匹克文化在13亿中国人当中的普及和推广，是人文奥运理念所体现的中华文化对奥运精神的独特理解和丰富发展，是全民企盼、全民支持、全民参与奥运会的巨大热情。这是世界人民共同的宝贵财富，也是中国人民自己的宝贵财富。

奥运会闭幕之后，给我们留下的将不仅是优异的比赛成绩、现代化的体育设施，更重要的是奥林匹克精神和奥林匹克文化的精髓，是通过体育比赛所折射出来的人类的智慧和力量、人类的美好理想和不懈追求，是世界各国体育健儿所带来的不同文明的优秀成果和宝贵经

验，是奥运会筹办和举办期间中国人民齐心协力、顽强拼搏过程中所迸发出来的民族精神和时代精神，是我们收获的国际视野和进取意识、巨大的民族凝聚力和向心力、高度的民族自豪感和民族自信心……这些都是我们取之不尽、用之不竭的精神财富。拥有了这笔财富，我们必将拥有更加美好的明天！

一位国际奥委会的朋友说，在北京看奥运会，除了体育比赛，最想看到的就是中国人幸福的笑脸。这是一个多么令人感动的要求和祝福。那么，就让我们满足朋友们的企盼：让我们把中国最

灿烂的笑容呈现给世界，让我们把北京的美丽汇入全世界亿万张笑脸的海洋中吧！

相关链接

- 顾拜旦：《奥林匹克宣言》，人民出版社2008年5月版。
- 第29届奥林匹克运动会组织委员会组编：《北京奥运会大学生知识读本》，北京师范大学出版社2006年12月版。

14

软实力也是硬道理

——为什么要推进文化创新和深化文化体制改革

2007年12月21日，辽宁出版传媒在上海证券交易所首发A股大获成功。截至2008年3月，全国有11家文化企业在A股市场上市、2家文化企业在H股市场上市；组建全国性出版物连锁总部26家、连锁网吧10家、连锁演出票务公司6家，区域性出版物连锁总部49家、连锁网吧近百家、连锁演出票务公司23家，电影院线36条。近年来贺岁片连连打响，全国平均每天生产电视剧40集左右，观众数以亿计，我国已成为世界第三电影生产大

我国首家广播孔子学院在北京成立

国和第一电视剧生产大国。2007年年底已建成“农家书屋”2万个；广播电视村村通工程，解决了近亿农民收听收看广播电视难的问题。如今落户全球的孔子学院（孔子课堂）已达200多所。

这一连串令人鼓舞的数据，生动地反映了近些年来我国加大文化创新，积极推进文化体制改革，大力提升文化软实力的可喜成果。

新世纪新阶段的战略之举

“提高国家文化软实力”，是党的十七大对文化建设提出的新要求。“软实力”这一概念是相对于“硬实力”而言的。一般来说，“硬实力”指经济、科技、军事等有形力量，“软实力”指文化、意识形态等无形力量。文化软实力主要是指一个国家或地区基于文化而具有的凝聚力、生命力、创新力和传播力，以及由此而产生的感召力和影响力。文化虽然是一种无形的力量，但它蕴涵着巨大的潜能，就像电脑的软件与硬件同等重要一样。

莫斯科举办中小学生中国语言文化节

发展是硬道理，提高国家文化软实力也是硬道理。人类社会的每一次跃进，人类文明的每一次升华，无不镌刻着文化进步的烙印。一个民族的觉醒，首先是文化的觉醒；一个国家的强盛，离不开文化的支撑。人类文明进步的历史充分表明，没有文化软实力的积极引领，没有精神世界的极大丰富，没有文化创造力的充分发挥，一个国家、一个民族是不可能长期自立于世界先进民族之林的。

文化是民族凝聚力和创造力的重要源泉。一个民族的文化，凝聚着这个民族对世界、对生命的历史认知和现实感受，积淀着这个民族最深层的精神追求和行为准则。古往今来，每一个伟大的民族都有自己博大精深的文化，每一个现代国家都把文化作为推动社会发展进步的重要力量。文化是凝聚民族精神的一条特殊纽带，深深熔铸在民族的血脉之中，始终是国家发展和民族振兴取之不尽、用之不竭的力量源泉。文化是引导社会进步的罗盘，是张扬真善美的旗帜。文化对思想解放起着引领作用，对经济发展起着先导作用，对社会和谐起着滋润作用，对人的进步起着催化作用。哪里有文化，哪里就有文明的足迹。源远流长的中华文

美国《新闻周刊》评出各国最具影响力文化符号

美国文化：华尔街、百老汇、好莱坞、麦当劳、NBA、可口可乐、希尔顿、万宝路、迪士尼、硅谷、哈佛大学、感恩节、超人、自由女神像、芭比娃娃、白宫、橄榄球、爵士乐、星巴克、沃尔玛。

中国文化：汉语、北京故宫、长城、苏州园林、孔子、道教、孙子兵法、兵马俑、莫高窟、唐帝国、丝绸、瓷器、京剧、少林寺、功夫、《西游记》、天坛、毛泽东、针灸、中国烹饪。

英国文化：英语、白金汉宫、威斯敏斯特宫、大英博物馆、巨石阵、牛津大学、格林威治天文台、达尔文、牛顿、莎士比亚、甲壳虫乐队、英联邦、绅士风度、维多利亚女王、劳斯莱斯、芝华士、哈利·波特、丘吉尔、BBC、贝克汉姆。

法国文化：法语、埃菲尔铁塔、卢浮宫、凡尔赛宫、巴尔扎克、雨果、轩尼诗、拿破仑、路易·威登（LV）、雅诗兰黛、欧莱雅、家乐福、克里斯汀·迪奥（CD）、皮尔·卡丹、圣米歇尔山、圣女贞德、香榭丽舍大街、《红与黑》、启蒙主义、香奈儿。

日本文化：菊与刀、武士道、天皇、东照宫、富士山、樱花、法隆寺、桂离宫、日本沐浴文化、日本料理、姬路城堡、相扑、空手道、神道教及神社、柔道、能剧、和服、索尼、三宅一生、新干线。

化，是中华民族生生不息、国脉传承的精神纽带，是实现民族复兴的重要标志和推动力量。当前，中国特色社会主义事业波澜壮阔，改革开放实践多姿多彩。只有把人民群众中蕴藏的文化创造热情和活力最大限度地激发出来、凝聚起来，不断提高全民文化素质，才能提升国家文化软实力，真正实现中华民族的伟大复兴。

文化是综合国力竞争的重要因素。文化是一个国家和民族递给世界的名片，人们记住意大利、希腊和埃及，首先是因为它们曾经有过的文化辉煌；而长城、兵马俑、中国文化年等，让世界知道了一个历史悠久、文化灿烂的中国。当今世界，文化与经济相互交融，经济发展与文化进步相辅相成。经济的文化含量日益提高，文化的经济功能越来越强，文化已经成为国与国之间竞争的利器。谁占据了文化发展的制高点，谁拥有了强大的文化软实力，谁就能够在激烈的国际竞争中赢得主动、占得先机。文化的巨大作用日益为世界各国所认识和重视，越来越多的国家千方百计壮大本国文化的整体实力和国际竞争力。现在，美国、欧盟、日本、韩国、新加坡等，都是新一轮文化软实力博弈的积极推动者。文化产业成为主导美国经济的支柱产业之一，它的媒体娱乐业年出口额达900亿美元。中国要在新的国际竞争中立于不败之地，维护国家发展利益和文化安全，必须继续弘扬文化创造精神，发挥民族的文化创造力，努力形成与经济社会发展和国际地位相适应的文化优势。

流动电影放映车开进雪域高原，丰富藏区群众文化生活

丰富精神文化生活是我国人民的热切愿望。文化是全面建设小康社会的重要目标，也是衡量社会文明程度和人民生活质量的显著标志。

随着人民物质生活水平的不断提高，人们在精神文化方面的需求日趋旺盛，求知求乐求美的愿望更加强烈。殷实富足的小康生活，离不开文化的滋养和支撑。健康的文化产品和丰富的精神享受，能够陶冶情操、愉悦身心、温润心灵，可以充实精神世界、提高生活质量、舒缓心理压力，促进人的全面发展。全面建设小康社会，既需要富“口袋”，也需要富“脑袋”，“口袋”“脑袋”一起富，才能在小康道路上越走越好、越走越快。与人民群众的新期待相比，目前我国文化发展的整体水平还不高，文化产品服务还不能满足人民群众日益增长的精神需求。只有大力发展文化事业和文化产业，让百姓享受丰富多彩的“文化盛宴”，才能充分体现发展文化软实力这个硬道理。

提高文化软实力呼唤文化创新

“苟日新，日日新，又日新”，这是中国的一句传世格言。中华民族之所以能在5000多年的历史进程中发展壮大，靠的就是吐故纳新的能力和求变图强的精神。文化是最需要创新的领域，创新是文化的本质特征，也是文化富有生机与活力的不竭动力。提高国家文化软实力，必须大力推进文化创新，努力体现时代性、把握规律性、富于创造性。离开创新，文化就难以延续传承，更难以实现大发展大繁荣。

现代化的经营模式使得改制后的图书发行集团活力倍增

经过30年的改革开放，我国文化赖以生存和发展的经济基础、体制环境和社会条件都发生了深刻变化，文化创新的重要意义再次凸显出来。只有不断进行内容、形式和传播手段的创新，才能适应时代发展的需要，增强文化的吸引力和凝聚力。

要积极推动内容创新。内容创新是文化创新的核心，也是文化发展的根本。近年来我国演艺市场带给人们的一连串惊喜，凝聚着编演人员对文化内容创新的执著追求。国内首部大型山水实景演出《印象·刘三姐》，以漓江水域和12座背景山峰为舞台，将经典山歌、民族风情、漓江渔火等元素创新组合，巧借春夏秋冬自然景观，配以变幻绚丽的灯光，在漓江山水间描绘出一幕幕原生态艺术画面。这一创新升华了山歌艺术的内涵，成功诠释了人与自然和谐的宏大主题，给人以视觉的震撼和心灵的共鸣。演出不仅获得了巨额回报，还带动了当地旅游、餐饮、文化事业的发展。话剧《立秋》经演不衰，被专家学者誉为“具有新世纪中国话剧里程碑式的意义”。这些作品的火爆，说明无论是历史题材还是现实题材的文化产品，都要在继承民族优秀文化传统、积极吸收借鉴世界优秀文明成果的基础上，以新的内涵来提升其艺术品格，注重内容的原创性和独创性，使之具有更加鲜明的实践特色、民族特色和时代特色。要通过创造出大批经得起实践检验、人民检验、历史检验的优秀文化产品，充分展现社会主义文化的中国特点、中国风格、中国气派，增强中华文化的感召力和竞争力。

大型山水实景演出《印象·刘三姐》

《立秋》入选国家舞台艺术精品工程

要积极推动形式创新。

“蓝猫”卡通产品对少儿很有吸引力

没有一定的形式，任何优秀的文化都不能生存、传播和发展。中国有句古话，叫“酒香不怕巷子深”。今天，当生活中的各种信息排山倒海般向我们涌来时，好酒也怕巷子深了。通过一定的形式把优秀的文化推向市场，介绍给人民，不仅十分必要，而且非常紧迫。湖南三辰卡通集团通过“蓝猫”卡通形象走上国际舞台，已先后向韩国、美国、印度尼西亚等15个国家和地区输出了蓝猫系列品牌版权。四川阿坝州以《神奇的九寨》为代表的系列作品一诞生就走向市场，直接与游客“对话”，实现了文化与旅游的相融互动。这表明，文化形式只有贴近人民群众的生活，为人民群众喜闻乐见，既生产“阳春白雪”，又推出“下里巴人”，才能满足不同群体、不同层次的文化消费口味。推进文化形式创新，还要运用市场经济条件下发展文化的有益经验，不断进行实践探索，催生新的文化品种和艺术样式，使我们的文化更具吸引力、感染力。

文化创意产业亮相津洽会

要积极推动传播手段创新。传播决定影响。有人说，“文化不是化石，化石可以凭借其古老而价值不衰。文化是活的生命，只有发展才有持久的生命力，只有传播才有影响力。”文化的影响不仅取决于内容和形式是否具有独特魅力，而且取决于传播能力的强弱。只有推动传播手段不断创新，才能使文化理念和价值观念广为流传，掌握影响人心的话语权。今天，以数字化、网络化为代表的现代信息技术，推动了传播方式的巨大变革。数字卫星电视、IPTV、移动电视、手机电视迅猛发展，电子商务、电子政务方兴未艾。互联网已成为覆盖广泛、快捷高效、影响巨大、发展势头强劲的大众传媒，深刻影响着人们的生产方式、生活方式、思维方式和思想观念。要学会运用先进技术建设和传播先进文化。以互联网为代表的现代高新技术是提升我国文化软实力的新引擎，在文化生产和传播方面蕴藏着巨大潜能。要加强对互联网的建设、运用和管理，大力发展中国特色网络文化，充分运用先进科学技术拓展文化传播渠道，丰富文化传播手段，提高文化传播效率，催生新的文化业态，提高我国文化传播能力，不断增强中华文化的影响力。

提高文化软实力需要体制机制作保障

原汁原味的古城，雅风犹存的纳西古乐，被称为世界上唯一“活着的象形文字”的东巴文，这是云南丽江独特的文化遗产。60人的队伍，靠财政发工资，每年政府要掏80多万元，这是昨天的丽江歌舞团；观众300万，产值过亿元，这是今天的丽江歌舞团……这些变化，源于文化体制改革。丽江市依托丰富的民族文化资源，通过政府引导、市场运作，推动文化事业单位与市

歌舞《云南印象》具有独特艺术魅力

场接轨，打造了社会效益与经济效益同步增长的强大文化产业。

北京歌舞剧院有限责任公司成立

深化改革是推动文化大发展大繁荣的必由之路，是提高文化软实力的强大杠杆。我国启动文化体制改革试点工作 5 年来，各试点地区和单位以体制机制创新为重点，培育市场主体，深化内部改革，转变政府职能，建立市场体系，取得显著成效。全国 122 家图书出版社、25 家音像出版社、27 家影视制作单位、32 家电影发行放映公司、29 家省级和市级文艺院团已完成转企改制，国有文化单位市场主体缺失、竞争力不强的状况初步改变。文化传播渠道建设速度加快，9 个省（区、市）实现了全区域广电传输网络整合，23 个省（区、市）的国有出版发行集团公司实行了省内连锁。体制机制创新为文化软实力的提升注入活力，令我国文化事业和文化产业发展面貌一新。

改革不是一朝一夕的事情。从文化体制改革试点的实践看，文化行政管理体制上的交叠、缺位现象仍然存在，创作机制、经营机制、用人机制、分配机制等亟待改进。破解制约文化发展的深层次矛盾，必须按照党的十七大提出的明确要求，着眼于激发活力、壮大实力，推动文化体制改革在面上推开、向纵深进展。

重塑和培育合格市场主体，是深化文化体制改革的中心环节。要在激烈的市场竞争中取得主动，最根本的办法是迅速把自己做大做强。经营性文化企事业单位改革的首要任务，是通过转企改制，打造一批有活力、实力和竞争力的文化市场主体，做大做强一批大型文化企业和企业集团。对条件成熟的，进行转制改革；重复设置、资源分散的，

大型儿童狂欢剧《魔山》

当前和今后一个时期推进文化体制改革总体要求

按照党的十七大精神和全国宣传思想工作会议精神，以邓小平理论和“三个代表”重要思想为指导，深入贯彻落实科学发展观，解放思想、实事求是、与时俱进，加大力度、加快进度、务求实效，紧紧抓住重要领域和关键环节，着力解决制约发展的深层次矛盾和问题，全面推进体制机制创新，解放和发展文化生产力，推动文化体制改革取得新的实质性进展，推动形成有利于出精品、出人才、出效益的文化发展环境。

实行整合重组；转制条件还不成熟的，积极创造条件分步实施。北京儿童艺术剧院转制后，理顺了内部机制，激发了职工的积极性，在文化资源整合、艺术生产策划、市场营销运作等方面大胆探索，创排的《迷宫》、《Hi！可爱》和《魔山》等儿童剧，演一部火一部。

占领文化产业发展的制高点，是深化文化体制改革的紧迫任务。面对国际文化产业集团陆续进入国内市场的现实，我们如何运用世贸规则进行市场运作，抢占文化产业高地，是一个新课题。未来5至10年，我国文化产业将进入新的发展阶段。要进一步落实和完善国家文化产业政策，改善文化产业发展的环境，进一步壮大国有文化企业，保护引导好民营企业投资文化产业的积极性。同时要对文化产业结构进行战略性调整，实施重大文化产业项目带动战略，打造文化产业战略投资者，不断提升我国文化产业的规模和效益。

进一步加强和改善宏观管理，是深化文化体制改革的必然要求。要围绕转变政府职能，使文化行政管理部门逐步把工作职责转到定政策、做规划、抓监管上来，实现由“办文化”向“管文化”、由主要管微观向管宏观的转变。继续推进文化市场综合行政执法改革。目前已有3个直辖市、8个副省级城市和37个地级市组建了文化市场综合行政执法机构，有效解决了职能交叉、多头执法等问题。2008年这项改革将扩大到新的试点地区，建立统一的文化市场综合执法机构。

提升公共服务能力，是深化文化体制改革的重要内容。要坚持公共文化服务的公益性、均等性、便利性、基本性，按照结构合理、发展平衡、网络健全、运行有效、惠及全民的原则，以政府为主导、以公益性文化单位为骨干、以城乡区域均衡发展为基本要求、以满足人民群众基本文化需求为主要目标，鼓励社会力量积极参与，加强公共文化基础设施和服

读者在汽车流动图书馆借阅图书

莱比锡书展上的中国元素

务网络建设，提高公共文化产品供给能力，保障好广大人民群众看电视听广播、读书看报、公共文化鉴赏、参与大众文化活动等基本文化权益。公益性文化单位要以体制机制创新为重点，深化内部改革，不断增强活力，以重大文化工程为杠杆，努力探索扩大和改善公共文化服务的新途径，创新公共文化服务方式和运行机制。

美国哈佛大学约瑟夫·奈教授是最早提出“软实力”概念的国际问题专家。他在接受中国记者采访时，对中国近些年来软实力的提升给予了积极评价，并援引英国广播公司民意测验结果，指出中国对其他国家的吸引力日益增强。但我们应清醒地看到，提升我国文化软实力，使我国在21世纪从文化大国变为文化强国，还任重道远。改革创新，是我们这个时代的旗帜，也是提高文化软实力的根本途径。为实现文化大发展大繁荣，必须勇于创新、深化改革。只要始终坚持改革创新的精神，不断推动文化发展繁荣、提高国家文化软实力，我们必将迎来社会主义文化建设的新高潮！

深度阅读

- 刘云山:《更加自觉、更加主动地推动社会主义文化大发展大繁荣》，《人民日报》2007年10月29日。

相关链接

- 《国家“十一五”时期文化发展规划纲要》，人民出版社2006年9月版。

15

道德模范评选的启示

——为什么要在全体人民中树立社会主义核心价值体系

全国道德模范颁奖晚会《道德的力量》的现场

“生活了50多年，最使我动容的是9月1日《人民日报》刊登的308个道德模范候选人的事迹。他们不是大款，不是大官，也不是惊天动地的大英雄，而是生活在我们老百姓中的平凡人。但是他们心地善良、品行高尚，从他们身上我看到了我们民族的希望，看到了和谐社会的美好前景。”这是一位读者给全国道德模范评选组委会发来的电子邮件中的感言。2007年下半年，全国道德模范的评选活动迅速成为举国关注的热点。全国道德模范评选活动组委会办公室在不到一个月的时间内收到各地民众推荐电子邮件和信函36000多封，全国共有3500多万人次参加了投票，参与人数之多、影响面之广，在各种评选表彰活动中是空前的。

道德模范的评选，是建设社会主义核心价值体系的重要举措，也从一个侧面生动展示了人们对建设社会主义核心价值体系的热切呼唤。

以主导的价值引领社会

党的十六届六中全会通过的《中共中央关于构建社会主义和谐社会若干重大问题的决定》首次提出“建设社会主义核心价值体系”，党的十七大又对建设社会主义核心价值体系，增强社会主义意识形态的吸引力和凝聚力作了进一步的阐述。为什么在新世纪新阶段，我们党高度重视社会主义核心价值体系建设呢？

构建社会主义核心价值体系，树立社会主义文明新风尚

每个社会的有序运行，都需要有明确的价值支撑与价值引导。对于每一个人来说，价值观是人生的航标。在日常生活中，人们对某一事物作出“好”、“坏”、“对”、“错”一类议论的时候，实际上就是在进行着一种价值判断，而影响人们价值判断和行为选择的便是自己的价值观。由个体组织起来的社会，之所以不再是个体，也不再是众多个体的简单组合，而成其为社会，一个重要原因便在于它拥有将众多的个体凝聚起来、规范

起来、动员起来的价值追求、价值准则，也就是我们所说的价值体系。而在这种价值体系中占主导地位、最为根本的价值观念，则构成一个社会的核心价值体系。通过构建核心价值体系，发展主流意识形态，整合社会意识，是社会系统得以正常运转的基本途径。当代世界，许多国家对建设核心价值体系更加重视、更加自觉。如新加坡甚至以国会法案形式确定本国的“共同价值观”，有力促进了社会稳定和发展。历史和现实都表明，核心价值体系是一个社会的方向盘，是一个国家的稳定器。如果没有核心价值体系，社会就会失去前进的方向、失去共同的思想道德基础，就会导致人心涣散、社会混乱。

“祖国在我们心中！”

社会主义核心价值体系揭示了社会主义制度的内在精神之魂，是社会主义意识形态的本质体现，反映了我们党对中国特色社会主义本质属性的新认识。马克思主义指导思想、中国特色社会主义共同理想、以爱国主义为核心的民族精神和以改革创新为核心的时代精神、社会主义荣辱观，构成了社会主义核心价值体系的基本内容。这四个方面相互联系、相互贯通，把党的主张、国家意志和人民意愿统一起来，把政治与伦理、理想与现实结合起来，是一个结构完备、逻辑缜密的科学体系。这一体系具有鲜明的科学性、民族性、时代性、开放性，其现实目标就是团结动员全党全国各族人民为建设富强、民主、文明、和谐的社会主义现代化国家而奋斗。

建设社会主义核心价值体系是意识形态领域的根本建设。在新世纪新阶段，加强社会主义核心价值体系建设，有着重大的现实意义。

伴随着改革开放深入推进，经济体制深刻变革、社会结构深刻变动、利益格局深刻调整、思想观念深刻变化，我国社会的经济成分、组织形式、就业方式、分配方式和利益关系日趋多样化，人们思想活动的独立性、选择性、多变性和差异性不断增强，价值观念的多样性也更加明显。这些发展变化，要求我们必须加强社会主义核心价值体系建设，并充分发挥其对多样化价值观念的主导性、引领性作用。特别是在当前，由于多种因素的影响，社会的价值观念也确实在一定程度上存在良莠杂陈的现象，需要予以高度警觉和有效规范、引导；世界范围内不同思想文化体现的价值观念更加猛烈地相互激荡，提出了维护社会主义意识形态安全和国家文化安全的重大课题。可以说，面对多变的时代、多样的社会、多种的思想、多质的需求、多类的矛盾，只有确立社会主义核心价值体系，才能在全党和全国人民中更加鲜明地高扬党在思想上精神上的旗帜，才能审一而定和，尊重差异、包容多样，才能有力抵制各种错误和腐朽思想的影响，有效引领各种社会思潮，从而不断夯实全社会团结奋斗的共同思想基础，为全面推进中国特色社会主义事业提供更有力的精神支撑。

以科学的理论指引航向

“160年来全球波澜壮阔的社会实践充分说明，马克思主义所分析的生产力与生产关系、经济基础与上层建筑的矛盾运动，所揭示的人类社会不断地从低级向高级发展的基本规律，所确立的无产阶级的世界观和方法论，依然没有过时。实践还证明，马克思主义所揭示的基本原理只有与各国国情相结合，永不僵化、永不停滞，才能不断焕发强大的生命力……”在“2008年世界社会主义黄皮书暨纪念《共产党宣言》发表160周年理论研讨会”上，与会的我国专家学者再次深情而坚定地阐发着对马克思主义的信念。

> **马克思主义在当代依然充满魅力**
>
> 1999年英国剑桥大学评选“千年第一思想家”，马克思位居第一；英国广播公司（BBC）同年开展的同名活动，再次得出同样的结论；2002年英国路透社“千年伟人”评选，马克思以一分之差略逊于爱因斯坦；2005年英国广播公司“古今最伟大哲学家”评选，马克思再居榜首。

每个社会的意识形态，都有它的核心价值体系。而标志社会核心价值体系性质和方向的，便是它的指导思想。马克思主义是我们党和国家的根本指导思想，是我们所建设的社会主义核心价值体系的灵魂。

以马克思主义为指导，是历史的选择、人民的选择。从19世纪中叶开始，中国进步的知识分子也曾多次多方面地向西方学习，引进包括改良主义、自由主义、社会达尔文主义、无政府主义、实用主义、基尔特社会主义、民主社会主义等各种思潮。这些思潮曾在不同的历史阶段流行一时，但在无数次的失败和教训中，中国人民最终选择了马克思主义，中国革命的面貌为之一新。

马克思主义之所以能够最终为中国人民所选择，成为始终高擎的前进旗帜，是因为马克思主义是科学，并且是开放的、发展的、与时俱进的科学。马克思主义诞生以来，遭到过许多来自不同方面的疑问和诘难。但是，历史的发展却使越来越多的人们越来越认识到，在人类思想史上，至今还没有哪一种理论能够像马克思主义那样，对人类的思想、文化、社会发展作出科学的解释，产生如此深远的影响。80多年来，从井冈山的“星星之火”，到天安门广场的“风展红旗如画”；从毛泽东思想引领下中国革命的胜利、中国特色社会主义事业的奠基，到邓小平理

马克思主义理论研究和建设工程
扎实推进，成效明显

实施马克思主义理论研究和建设工程，是以胡锦涛同志为总书记的党中央立足新的时代条件，从坚持和发展中国特色社会主义事业的战略高度，从不断推进马克思主义中国化的战略高度，作出的一项重大决策。2004年4月，中央专门召开会议，正式启动马克思主义理论研究和建设工程。4年来，在党中央高度重视和关心指导下，广大专家学者和有关部门共同努力，工程各项工作取得了实质性进展。

1. 深入研究毛泽东思想、邓小平理论、“三个代表”重要思想和科学发展观等重大战略思想，进一步推动用马克思主义中国化最新成果武装全党、教育人民。

2. 坚持以重大现实问题为主攻方向，为推动科学发展、促进社会和谐提供智力支持。

3. 加强马克思主义经典著作编译和基本观点研究工作，为准确理解马克思列宁主义提供重要依据。

4. 加强正面引导，努力营造良好的思想舆论环境。

5. 充分体现马克思主义中国化最新成果的学科体系和教材体系建设取得明显进展。

6. 编写出版高校思想政治理论课新教材，思想政治理论课教育教学状况呈现出良好发展态势。

7. 大力加强理论队伍建设，培养了一批马克思主义理论教学研究骨干力量。

论指导下中国迎来社会主义改革开放的春天，再到“三个代表”重要思想和科学发展观等重大战略思想引领中国人民进入全面建设小康社会、发展中国特色社会主义的新时代……无不展示着马克思主义的力量，无不印证着邓小平同志那段铿锵有力、掷地有声的话：“我坚信，世界上赞成马克思主义的人会多起来的，因为马克思主义是科学。”

实践无止境，基于实践的理论创新也永无止境。面对新的使命，我们应当紧跟时代的步伐，紧密关注当今国际社会变化和我国社会主义现代化建设过程中出现的一系列重大理论和现实问题，大力推进理论创新，不断增强马克思主义理论的创造力、吸引力、感召力，不断赋予当代中国马克思主义鲜明的实践特色、民族特色、时代特色，有效推动当代中国马克思主义大众化，更好地用中国特色社会主义理论体系武装全党、教育人民，让马克思主义为越来越多的人们所掌握，成为指导客观实践的强大思想武器。

以共同的理想凝聚力量

2008年的春节，中国人民收到了一份特殊的祝福。远在38万公里之外月球轨道上运行的“嫦娥一号”卫星传回特殊的语音：“我在月球上向大家拜年了。我要送上一首来自月球的《春节序曲》。”一首中国人耳熟能详的《春节序曲》随之悠然响起。

五千年来，中国人对月球祭之拜之，歌之咏之……

五十年来，中国人为“嫦娥”的一飞冲天埋首钻研、奋力攻关……

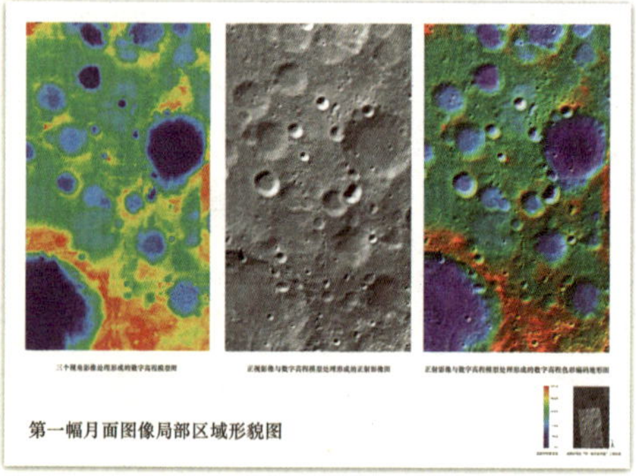

“嫦娥一号”传回的月球照片

2007年10月24日，“嫦娥一号”探月卫星的成功发射，圆了中华民族千年梦想。圆梦的背后，是中华民族为着理想而自强不息的探求。

理想是导航的罗盘，理想是不落的风帆。个人没有理想，便没有明确的方向，也不会有高昂的斗志；社会没有理想，便不知所进，变成一盘散沙。近代以来，积贫积弱、饱受欺凌的中华民族之所以能够浴血奋战、浴火重生，重新走上复兴之路，一个重要原因就在于其永不泯灭的复兴梦想，以及对复兴之路日趋深刻而明确的认识与把握。一句话：她始终为美好的社会理想所感召、所引领。

在当代中国，面对社会生活的深刻变化，面对人们思想观念日益多样化的客观现实，我们尤其需要一个代表最广大人民根本利益、为社会各个阶层广泛认可和接受、能集中各个方面智慧和力量的社会理想，以明确我们的奋斗目标和发展方向，并协调人们的步伐、鼓舞人们的斗志、凝聚人们的力量、感召全社会的人们为之奋斗。这个共同的理想，就是发展中国特色社会主义。

中国特色社会主义共同理想，就是在中国共产党的领导下，走中国特色社会主义道路，实现中华民族的伟大复兴。这一理想包含着推进和实现中华民族伟大复兴的宏伟目标，也指明了推进和实现中华民族伟大复兴的现实道路，即发展中国特色社会主义。这一理想向人们展示，我们所要建设的是社会主义，是解放生产力、发展生产力、消灭剥削、消除两极分化、最终达到共同富裕的社会主义，是民主法治、公平正义、诚信友爱、充满活力、安定有序、人与自然和谐相处的和谐社会。这样的社会理想，把党在社会主义初级阶段的奋斗目标、国家的发展、民族的振兴与人民的幸福紧密联系在一起，把各个阶层、各个群体的共同愿望有机结合在一起，因而成为融先进性与广泛性于一体、可以感召和凝聚社会各个阶层的共同理想。

摆脱贫穷落后、走向富强民主文明和谐、实现中华民族伟大复兴，是一代又一代中华儿女的真诚夙愿，是所有炎黄子孙的不懈追求；坚定不移地走中国特色社会主义道路，是历史的结论，是人民的选择。包含实现中华民族伟大复兴宏伟目标和中国特色社会主义发展道路的中国特色社会主义共同理想，已经以活生生的事实，充分展示出强大的感召力和凝聚力。在全面建设小康社会的崭新实践中，坚定不移地弘扬中国特色社会主义共同理想，我们就把握了社会主义核心价值体系建设的主题，我们就会迈出更加坚定有力、协调一致的发展步伐。

各行各业的人们都在为中国特色社会主义共同理想而贡献力量

以崇高的精神鼓舞斗志

西方著名历史学家汤因比在其名著《历史研究》中有这样的感慨："如果我们再研究一下黄河下游的古代中国文明的起源，我们发现人类在这里所要应付的自然环境的挑战要比两河流域和尼罗河的挑战严重得多。人们把它变成古代中国文明摇篮地方的这一片原野，除了有沼泽、丛林和洪水的灾难之外，还有更大得多的气候上的灾难，它不断地在夏季的酷热和冬季的严寒之间变换。"然而，在哲学家罗素那里，却有这样的惊叹："自孔子以来，埃及、巴比伦、波斯、马其顿，包括罗马的帝国，都消亡了；但是中国却以持续的进化生存下来了。"

民族精神是一个民族自立于世界民族之林，不断生存和发展的精神支撑。一个民族，没有振奋的精神和高尚的品格，就失去了赖以生存发展的根基。尤其在当今国际竞争日趋激烈的历史条件下，有没有高昂的民族精神，更成为衡量一个国家综合国力强弱的重要尺度。在5000多年的发展中，中华

北京奥运会将向世界展示中华民族的传统美德

民族所形成的以爱国主义为核心的团结统一、爱好和平、勤劳勇敢、自强不息的伟大民族精神，是我们民族的生命力、凝聚力和创造力的不竭源泉，是永远飘扬在中华儿女心中的旗帜。

5000多年来，中华民族精神始终踏着时代前进的鼓点而不断丰富和发展。具有强大生命力的民族精神是与时代同步、与时代精神息息相通并相互融合的。我们今天所需要、所弘扬的时代精神，核心是改革创新。古往今来，兴衰更替，虽然原因诸多，形态各样，进程复杂，但从整体的与历史的视角看，其中都贯穿着一个重要的线索，即改革取代保守，创新取代守旧；守旧者日渐消亡，创新者最终总会强大。历史的车轮，总是为创新的力量所驱动。在当代中国，以改革创新为核心的时代精神，是马克思主义与时俱进的理论品格、中华民族富于进取的思想品格与改革开放和现代化建设实践相结合的伟大成果。中国人民在改革开放中表现出来的进取意志，在建设国家中焕发出来的创造热情，在克服前进道路上的各种困难中表现出来的顽强毅力，正是这一时代精神的生动写照。这一精神已经深深地融入我国经济、政治、文化、社会建设的各个方面，成为全国各族人民不断开创中国特色社会主义事业新局面的强大精神力量。

复兴之路　图/周咏缗 新华社发

博大精深的中华文化，滋补养育着东方巨龙。在新的历史条件下，在马克思主义指导下，大力培育和弘扬以爱国主义为核心的民族精神和以改革创新为核心的时代精神，我们就把握住了社会主义核心价值体系的精髓，就能更好地建设中华民族共有精神家园。

以优秀的道德培育风尚

道德力量是国家发展、社会和谐、人民幸福的重要因素。荣辱观是人们对荣誉和耻辱问题的根本看法，是社会道德意识的集中体现。一个社会的大多数成员具有什么样的荣辱观，反映着这个社会主流的思想文化选择和道德意识、道德行为取向。在悠悠的历史长河中，无论历经多少沧桑巨变，我们这个民族总是坚守着对真善美的崇高追求，总是有着强烈的荣辱感和鲜明的荣辱观。

但也不可否认，面对世界范围各种思想文化的相互激荡，面对市场经济给人们思想和生活方式带来的巨大冲击，我们的社会也出现了一些不正之风和消极腐败现象。在个别人的头脑中，是非、善恶、美丑的荣辱界限被模糊甚至被颠倒了。极端个人主义、享乐主义、拜金主义等日渐抬头；背信弃义、见利忘义、蔑视崇高，对一些丑恶现象不以为耻、反以为荣，严重败坏了社会风气。对这些现象和行为我们必须坚决抵制。

湖南76岁农民创作出《社会主义荣辱观图解》

以“八荣八耻”为主要内容的社会主义荣辱观，坚持马克思主义的世界观、人生观、价值观，立足于当代中国特色社会主义建设的实际，回答了在社会主义社会里关于荣辱问题的一系列根本性问题，反映了社会主义道德规范的本质要求，体现了先进性要求与广泛性要求的有机统一，体现了依法治国与以德治国相统一的治国方略。社会主义荣辱观内含社会主义思想道德建设的指导思想、方针原则，涵盖爱国主义、集体主义、社会主义思想；强调以为人民服务为核心，以集体主义为原则，以爱祖国、爱人民、爱劳动、爱科学、爱社会主义为基本要求，贯通社会公德、职业道德、家庭美德，对公民在处理自己与国家、社会、他人的关系时应该遵守的道德准则以及公民自身的道德修养等都有明确要求，是新形势下社会主义思想道德建设的重要指针。

社会主义荣辱观日益深入人心

学雷锋志愿服务队便民服务上街头

“风俗，天下之大事也。”社会风气是社会文明程度的重要标志，是社会价值导向的集中体现。良好社会风尚的形成，关键在于充分发挥社会主义荣辱观的引领作用。我们要在全社会唱响主旋律，以增强社会责任意识和诚信意识为重点，大力弘扬爱国主义、集体主义、社会主义思想，加强社会公德、职业道德、家庭美德建设，引导人们摆正个人、集体、国家的关系，正确处理个人与社会、竞争与协作、先富与共富、经济效益与社会效益等关系，自觉履行法定义务、社会责任、家庭责任，坚决反对拜金主义、享乐主义和极端个人主义，推动形成知荣辱、讲正气、树新风、促和谐的文明风尚。

中华民族是一个崇尚道德榜样的民族。树立道德典型，充分发挥道德模范人物的带动、示范作用，对于良好社会风尚的形成有着积极的作用。新中国成立以来，雷锋、焦裕禄等模范人物深深感染和激励了一代又一代的中国人。改革开放以来，孔繁森、蒋筑英等模范人物的先进事迹被广为传诵，家喻户晓。2007年开展道德模范评选，树立了一批来自基层、来自群众的道德模范，用他们的先进感人事迹感召群众，引导广大群众见贤思齐、择善而从，这对于营造知荣辱、讲正气、树新风、促和谐的社会风尚，促进社会主义核心价值体系建设无疑具有重要的推动作用。

深度阅读

- 《中共中央关于构建社会主义和谐社会若干重大问题的决定》，人民出版社2006年10月版。

16

透视湖北省博物馆"爆棚"现象

——为什么要保障人民群众的基本文化权益

广大游客免费参观湖北省博物馆

2007年11月6日，湖北省为社会公众摆出一道文化盛宴——拥有曾侯乙编钟、越王勾践剑、郧县人头盖骨等珍贵文物的湖北省博物馆永久免费开放。消息发布后，人们蜂拥而至，博物馆门前领票的队伍排成长龙，参观人数由两三年前的每天平均六七百人，最高时跃升至1.8万人。免费开放仅两个月，参观者超过30万人，相当于过去两年的总和。为了确保国家文物安全，确保每一位观众看得舒心，博物馆采取了分时段发放免费参观券等一系列措施，经过科学测算，控制每天参观人数不超过5000人。

湖北省博物馆的“爆棚”现象，折射出公众对文化生活的渴求，对新时期新阶段如何更好地保障人民群众的基本文化权益提供了有益启示。

文化权益是人民群众应当享有的基本权益

保障人民群众的基本文化权益，是社会文明进步的重要标志。文化是指人类精神生产的能力和产品，具有认知、教化、审美、娱乐、交流、传承、塑造等功能，对于陶冶人的情操、提高人的素质、实现人的全面发展，具有不可替代的重要作用。一位哲学家说过，当一个人饿肚子时，只有一个烦恼，就是生存的烦恼；一旦吃饱饭后，就会生出无数个烦恼，这就是发展的烦恼。解决生存的烦恼主要靠经济，解决发展的烦恼，很大程度上要靠文化。当经济社会发展到一定阶段，物质财富的积累和社会收入水平达到一定程度，人们便越来越关心如何生活得更好，这种生活不仅包括物质生活，更有精神文化生活。今天，人民群众对于丰富精神文化生活的愿望日益强烈，文化权益成为社会关注的焦点问题之一。文化权益主要包括人民群众应当享有的教育、科学、文化等方面的权益，比如享受文化成果、参与文化活动、开展文化创造、保护文化成果的权益等。应该说，文化权益的彰显与实现，既是社会走向文明的必然，也是社会进步的动力。

群众共享文化信息

保障人民群众的基本文化权益，是党的根本宗旨在文化领域的具体体现，是社会主义文化建设的重要使命，体现着中国共产党人对社会全面进步、人的全面发展理想的追求。改革开放以来，我们党始终坚持物质文明和精神文明一起抓，逐步确立了经济、政治、文化、社会建设四位一体的现代化建设总体布局。我们党强调要推动文化的大发展大繁荣，其根本目的就是保障人民群众基本文化权益，让人民共享文化发展成果，使人们在享受经济发展成果的同时，精神生活也获得丰富与提升。可以说，保障人民基本文化权益，关系到千千万万人民群众的切身利益，体现了我们党全心全意为人民服务的根本宗旨和以人为本的发展理念。

农民工领到中国人民革命军事博物馆免费参观券

保障人民群众的基本文化权益，是全面建设小康社会、构建社会主义和谐社会的必然要求。公平正义是实现社会和谐的重要基础，而切实保障包括文化权益在内的公民各项基本权益，正是实现公平正义的题中应有之义。如果在文化权益享受上不均衡，将严重制约社会的协调共进。只有不断保障人民群众的基本文化权益，才能更好地促进社会成员、社会群体之间的友好交往与和谐相处。

党的十七大明确提出"使人民基本文化权益得到更好保障"，将人民对文化的需求上升到基本文化权益的高度，充分说明我们党对人民群众文化需求的高度重视，拓展了我国经济社会发展中公民权益的内涵，体现了文化发展中的民生价值理念，具有十分深刻的内涵和重要意义。各级党委和政府在推进全面建设小康社会的进程中，要像重视经济发展那样重视文化建设，像重视维护人民经济权益那样重视维护人民文化权益，从而使保障人民基本文化权益与落实人民经济权益、政治权益等相协调。

人民群众的公共文化消费水平亟须提升

2007年，中央电视台播出的电视连续剧《文化站长》，揭示了9亿农民正在经历的从“求生存”到“求文化”的心理历程转变。一位农民看了这部剧后说，我们现在兜里有些闲钱了，住得好、吃得好已经不能满足了，我们也需要精神上的享受，就需要像“管文化”一样的文化站长来“折腾”。这朴素的语言，反映了基层农民的“文化饥渴”，表达了人民群众的文化热情和文化需求。

保障人民群众的文化权益，本质上是要用优秀文化为大众服务，满足人民群众的文化需求，提升人民群众的公共文化消费水平，将文化变为人民群众的智慧源泉和精神家园。近年来，党和政府对文化建设作出一系列重大部署，全社会对文化建设倾注极大热情，文化事业不断繁荣，人民群众的公共文化生活质量得到大幅度提高。

近年来部分优秀电视作品

大型电视政论片《复兴之路》全面、系统地梳理、追溯了近现代中华民族的强国之梦和不懈探索的伟大历程。电视纪录片《香港十年》真实记录了香港回归十年的风雨历程。电视连续剧《士兵突击》通过一个普通士兵的成长历程，反映了当代中国军人真实而纯粹的精神世界；《戈壁母亲》讲述两代新疆生产建设兵团普通员工艰苦创业历程，讴歌爱祖国、爱边疆、无私奉献的伟大精神和伟大母爱；《闯关东》宏观描写山东人闯关东移民史实，展示了百年来中国人民面对列强不屈不挠、反抗到底的精神境界。

随着我国综合国力的不断提升，国家财政对公共文化的投入不断增加。“八五”期间，国家财政对文化部系统的文化事业费拨款为55.61亿元，“十五”

期间达到133.82亿元。加上地方财政的文化事业投入，“十五”期间全国文化事业经费达到495.22亿元。国家对公共文化投入的增长速度已超过GDP增长速度。

送戏下乡活动深受农民群众的欢迎

村民正在农家书屋里读书学习

“送书下乡车”亮相全国书市

现在，我国的公共文化服务设施建设有了可喜的重大进展，一系列重大文化工程和公共文化服务惠及普通百姓，缩短了城乡文化发展的差距。目前全国2762个公共图书馆绝大部分分布于县市一级，41588个文化馆站大多落户于农村乡镇。正在实施的全国文化信息资源共享工程资源总量已达65TB，自建、共建的基层服务网点超过52万个。群众艺术创作活跃，社区文化、广场文化、节日文化活动广泛开展，丰富了基层群众文化生活。精神文化产品创作力度加大，群众喜闻乐见的思想性、艺术性和观赏性统一的优秀作品不断涌现。一大批讴歌改革创新时代精神、普及科技发展最新知识的出版物陆续与读者见面。国家和地方文化部门积极组织开展送书下乡、送戏下乡等活动，以优秀文化滋养农村沃土。送书下乡工程为300个国家级贫困县和3614个乡镇赠书137万册；广播电

“十一五”期间公共文化建设重点工程

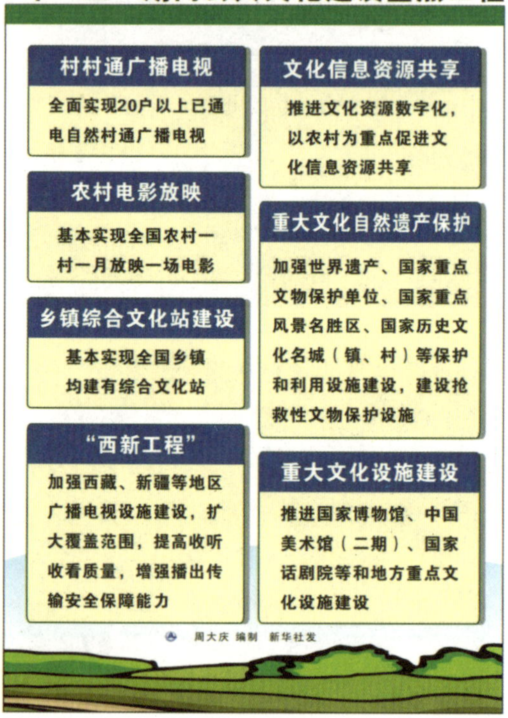

视村村通工程已基本实现通电行政村和50户以上自然村广大农民收听收看的目标；“农家书屋”工程截至2007年年底，已建成农家书屋2万个、社区书屋4万个。

同时应当看到，现在我国人民群众日益增长的精神文化需求与精神文化产品和服务有效供给不足的矛盾仍然存在。群众对文化生活的需求十分强烈，而我们提供的公共文化产品和服务，无论在数量、品种还是质量上都与之还不相适应。现实生活中由于书价过高，老百姓买本书有时还要掂量再三；某些图书馆因为收费杂多，使读者望而却步，结果成为名副其实的“藏书馆”。城乡之间、不同社会群体之间，在享有的文化权益上还存在较明显的差距。长期以来的城乡二元结构，导致城乡文化发展水平差距较大，农村文化建设投入明显不足。一些农村和边远地区、经济不发达地区，群众文化生活相当贫乏，有的地方低俗文化不断蔓延，农民富裕后享受不到积极健康的精神文化生活。城里人文化生活虽然比较丰富，但也不平衡，一部分高收入者享受着各种高水准的文化消费，而有的低收入家庭、困难家庭几乎与文化生活无缘。进城务工的农民们，其文化需求也很难得到满足。所有这些，都要求我们把保障人民群众基本文化权益作为一项紧迫任务，坚持不懈地抓下去。

让人民群众更好地共享文化发展成果

2008年1月23日，中宣部、财政部、文化部、国家文物局联合下发通知，要求全国各级文化文物部门归口管理的公共博物馆、纪念馆、全国爱国主义教育示范基地，从2008年起全部陆续免费开放。这不仅是对普通公众迅速增长的文化需求的直接回应，也是保障人民群众基本文化权益的一项重大举措。

实现好、维护好、发展好人民群众基本文化权益的主要途径，是发展公益性文化事业。在全面建设小康社会的新阶段，文化建设必须从人民的根本利益出发，大力解放和发展文化生产力，为人民群众提供更多的公共文化服务和更好的精神文化产品，满足群众日益增长的文化需求，使群众各方面的文化权益得到更好保障，共享文化发展成果。当前，要认真落实《中共中央办公厅、国务院办公厅关于加强公共文化服务体系建设的若干意见》，坚持以政府为主导，以公益性文化单位为骨干，鼓励全社会积极参与，加快建设覆盖全社会的比较完备的公共文化服

"十一五"我国文化事业投入情况

"十一五"期间，国家发改委和文化部将安排中央预算内投资39．4亿元，带动地方配套资金约25亿元，新建和扩建2.67万个农村乡镇综合文化站，到2010年基本实现"乡乡有综合文化站"的建设目标。2007年，已安排资金1亿元，在全国534个乡镇先行试点。财政部也将边疆文化长廊建设补助资金和基层文化设施设备维修补助资金，从每年1100万元增加到3000万元。这些重大项目的实施，对改善农村基层文化设施落后状况，推动公共文化服务体系建设，必将发挥重要作用。

务体系。

公共文化服务体系涵盖文化政策、基础设施、人才队伍、技术技能等多方面内容，它的根本性特征是公益性、服务性。只有大力推进公共文化服务体系建设，才能更好地满足大众的文化需求，让人民群众在共享文化发展成果中提升自身素质。比如，公共图书馆是人民的终身学校，博物馆、美术馆是培养现代公民的重要场所，它们都不以盈利为目的。这些公共文化设施免费开放，既解决了公共文化资源分享的公平性问题，也提高了公共文化资源的利用效率。

宁夏各地农民积极自办文化团队进行公共文化服务

河南新华农村数字电影院线公司电影放映员为群众放电影

要继续加大对公共文化服务的财政投入力度。文化事业主要是政府投入、政府来办，通过建设一个服务优质的公共文化服务体系，将文化的阳光照耀到每个公民身上。当前，资金投入不足仍然是公共文化服务体系建设的瓶颈。要继续落实对文化建设的扶持政策，使中央和省级财政在这方面的投入能随着财政经常性收入的增加，每年都有更多的增长，从而使公共文化基础设施和公益性文化事业单位所需的资金得到稳定的保障。要进一步改进投入方式，采取建立基金、政府采购、项目补贴、定向资助、贷款贴息等办法，不断提高财政资金使用效益。对中西部地区，中央财政要给予更多扶持和倾斜。同时，应进一步完善税收减免等相关经济政策，引导和鼓励企业、个人捐助或投资兴办公共文化实体，逐步形成以政府投入为主、社会力量积极参与的公共文化服务投入保障机制。

要着力加强基层文化设施建设，完善农村公共文化服务网络。在公共文化服务体系的链条中，基层和农村仍然是相对薄弱的环节。要加大力度改善农村、偏远山区公共文化基础设施条件，切实解决农民群众看书难、看戏难、看电影难、收听收看广播电视难的问题。同时，采取政府补贴的方式，由国有艺术院团、影剧院承担，主要面向低收入居民，每年安排一定场次的低价演出或放映，保障和实现残疾人、老年人和农民工等群体的基本文化生活需求，并通过完善文化设施和服务网络，方便人们就近快捷享受文化服务。

要继续大力实施文化惠民工程。广播电视“村村通”、乡镇综合文化站和基层文化阵地建设、全国文化信息资源共享、农村电影放映、农家书屋等重点文化工程，是完善公共文化服务体系、惠及千家万户的民心工程，也是公共文化服务体系建设的重头戏。要发挥好这些工程在保障经济欠发达地区群众的基本文化

国家大剧院每年都举办低价位艺术普及教育活动，为广大普通群众欣赏高雅文化提供更多的机会

权益，缩小东西部、城乡之间公共文化服务差距等方面的重要作用。

要不断提高公共文化产品和服务供给能力。我国已进入文化消费的快速增长期，公益性文化单位要充分发挥在公共文化服务中的骨干作用，面向基层、面向群众，着力提高生产能力和服务水平，多创作符合人民群众需求、质优价廉的文化产品。而要做到这一点，归根结底要靠深化改革。一方面，要深入推进文化事业单位的内部改革，创新用人和收入分配机制，促使其增强活力、改善服务；另一方面，要善于借助市场的力量，引入竞争机制，推动重要公共文化产品生产、重大公共文化服务项目和公益性文化活动的开展，引导文化资源向公共文化服务领域合理流动，拓宽选择公共文化产品的视野，增强公共文化服务效能。

人民群众是文化建设的主体，也是文化成果的最终享有者和受益者。随着我国经济社会的快速发展和公共文化服务体系的不断完善，广大人民群众的文化权益必将得到进一步保障和实现，将会享受到越来越多的文化大餐，人们的文化生活也将越来越丰富多彩。

深度阅读

- 《国家“十一五”时期文化发展规划纲要》，人民出版社2006年9月版。
- 《中共中央办公厅、国务院办公厅关于加强公共文化服务体系建设的若干意见》，《十六大以来重要文献选编》（下），中央文献出版社2008年4月版。

17

西藏的明天更美好

——为什么维护祖国统一是西藏稳定发展的政治前提

2008年4月30日，一个阳光灿烂的日子，“西藏今昔”大型主题展在北京民族文化宫拉开序幕。160件实物、400余张图片，珍贵的文物、翔实的史料、大量的数据……使参观的人们更加深刻认识到西藏与祖国不可分割的悠远历史，更加深切地感受到今昔西藏翻天覆地的变化。

十一世班禅额尔德尼·确吉杰布参观“西藏今昔”大型主题展

从旧西藏封建农奴制对人们的残酷压迫到和平解放以来西藏日新月异、举世公认的发展中我们看到：从黑暗走向光明、从落后走向进步、从贫穷走向富裕、从专制走向民主、从封闭走向开放，这就是西藏的发展历程，是西藏发展史上最为壮丽的篇章。

西藏自古以来就是中国不可分割的一部分

西藏位于中国的西南部。繁衍生息在这里的藏族先民，远在公元前就与生活在中原的汉族在经济和文化等方面存在千丝万缕的联系，形成了互相交流、互相依存的密切关系。从那时起，藏族先民就为中国历史的发展作出了自己独有的贡献。

唐蕃会盟碑

拉萨布达拉宫里供奉的吐蕃赞普松赞干布（左）和唐太宗宗室女文成公主塑像

经过漫长的岁月，西藏高原上分散的众多部落逐渐以部落联盟的形式统一起来，进一步发展同中原汉族王朝之间的联系。到唐朝，藏汉通过王室间的联姻、会盟，在政治上形成了团结友好的亲谊关系，在经济和文化上建立了密切的联系，为最终建立统一的国家奠定了深厚的基础。

13 世纪中叶，西藏正式归入中国元朝版图。自此之后，尽管中国经历了几代王朝的兴替，多次更换过中央政权，但西藏一直处于中央政权直接行使主权管辖治理之下。1271 年，蒙古汗政权定国号为元，并于 1279 年统一全中国，建立继汉、唐王朝之后中国版图内各地区、各民族大统一的中央政权，西藏成为元朝中央政府直接治理下的一个行政区域。元朝统治者在西藏地方建立行政体制，推行各种制度，开启了管理西藏和其他藏区的新时代。元朝在西藏和其他藏区实施括户、置驿、征兵、征税等政策，充分行使了有效管理。

元帝赐给萨迦派首领的印及印文

1368年，明王朝取代元朝掌握中央政权，继承了对西藏地方直接行使主权管辖治理的权力。在今西藏中部、东部和西部阿里地区设置管理机构，这些机构的负责官员均由中央任命。西藏地方官员犯法，亦由中央惩处。明成祖给西藏各地宗教领袖封以“法王”、“王”、“灌顶国师”等名号。王位的继承必须经皇帝批准，遣使册封，新王才能即位。1587年明朝中央封赐三世达赖喇嘛以“朵儿只唱”（意为“金刚持”）名号。

清乾隆帝颁赐的金本巴瓶，用于掣定达赖灵童的真伪，表明中央行使着直接管理西藏地方的权力

清王朝进一步加强了对西藏的治理。清朝皇帝于1653年、1713年分别册封五世达赖喇嘛和五世班禅喇嘛，自此正式确定了达赖喇嘛和班禅额尔德尼的封号，以及他们在西藏的政治和宗教地位。1719年，清政府派军队进入西藏，驱逐盘踞拉萨三年之久的准噶尔部，着手改订西藏的行政体制。1727年，设驻藏大臣，代表中央监督西藏地方行政。为了完善西

藏行政机构的职能，1793年，颁布了《钦定藏内善后章程》，主要内容包括清政府掌握确定西藏各大活佛包括达赖喇嘛、班禅额尔德尼去世后认定转世灵童和批准继位的大权，一切西藏涉外事宜均由驻藏大臣全权处理等共29条。到清王朝结束的1911年，清中央政府先后派遣驻藏大臣达百余人。

中华民国中央政府一如元、明、清三朝，对西藏地方直接行使主权管辖治理。虽然当时外患不已、内乱频仍，中央政府孱弱，但达赖喇嘛、班禅额尔德尼继续接受中央政府的册封。达赖、班禅等多次表示维护祖国统一，拥护中央政府。1940年，国民政府主席正式颁布命令，批准拉木登珠为十四世达赖喇嘛。

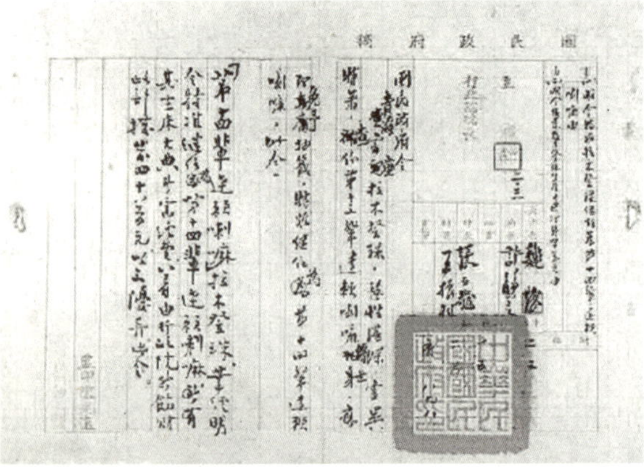
國民政府稿

国民政府认定十四世达赖喇嘛的命令

1949年新中国成立后，中央人民政府根据西藏的历史和现实情况，决定采取和平解放的方针。1951年5月23日，中央人民政府和西藏地方政府的全权代表就西藏和平解放的一系列问题达成协议，签订了《中央人民政府和西藏地方政府关于和平解放西藏办法的协议》(简称“十七条协议”)，受到西藏各民族各阶层人民的赞成和拥护。同年10月24日，十四世达赖喇嘛致电毛泽东主席，表示西藏地方政府及藏族僧俗人民一致拥护“十七条协议”。10月26日，人民解放军在西藏人民支持下，顺利进驻拉萨。

1959年西藏发生了封建农奴主的武装叛乱，最后被平息，西藏百万农奴翻身得解放。1965年西藏自治区成立，西藏开始了一个伟大的新时代。

毛泽东主席接见达赖喇嘛和班禅

1965年9月，西藏自治区第一届人民代表大会第一次会议召开

历史无可辩驳地表明，西藏自古以来就是中国领土不可分割的一部分，藏族是中华民族大家庭中的重要成员。从元朝到现在的700多年来，中国中央政府一直对西藏地方行使着主权，西藏地方从未成为一个独立国家。记载着700多年来历史事实的数百万件汉藏文档案资料仍保存在北京、南京和拉萨的档案馆中。世界上从未有任何一个国家的政府承认西藏是一个独立的国家。

雪域高原的变迁翻天覆地

400多平方米的二层小楼，12间房子，几十头牛羊，仓库里堆满粮食……西藏日喀则地区江孜县江热乡班久伦布村米玛顿珠老人家，这个旧西藏帕拉庄园的“朗生”（世代家奴）如今过上了他过去从来不敢想的幸福生活。米玛顿珠老人亲身经历了旧西藏的贫穷落后、野蛮黑暗和新西藏的幸福美好、发展进步。

旧西藏对农奴实行野蛮的刑罚

今日西藏广大农牧民生活越来越好，喜悦溢于言表

旧西藏实行的是政教合一的封建农奴制度，农奴主享有一切特权，广大农奴和奴隶连起码的人身自由也没有，更谈不上有任何形式的民主、自由和人权。直至20世纪中叶，西藏仍然处于黑暗的封建农奴制社会，占人口不到5%的僧俗农奴主控制着占人口95%以上的农奴和奴隶的人身自由和绝大多数生产资料，过着奢侈腐朽的生活。农奴被农奴主作为财富占有，负担着沉重的差役租税，忍受强制性经济剥削，生活极端贫困。农奴及其子女注定终身为农奴，农奴主之间可以随意将农奴及其子女互相转让、抵押、赠送或买卖。旧西藏实行等级森严的《十三法典》和《十六法典》，按血统贵贱、职位高低，将人分成三等九级，以法律形式确认和维护农奴主的社会地位和特权。旧西藏对有反抗行为的农奴实行剁足、剜目、割耳、抽筋、割舌、投水、推崖等极为野蛮的刑罚，广大农奴连生存都得不到保障。正如一些严肃的现代西方藏学家所指出的，对1959年以前的西藏“无论想象力有多么丰富，西藏绝大多数人的生活决不是‘令人羡慕的’”。

20世纪中叶，三次深刻的社会变革改变了西藏的前途命运。1951年西藏和平解放，永远摆脱了帝国主义侵略的羁绊，实现了中华民族在新的历史条件下的大团结；1959年西藏实行民主改革，彻底废除了旧西藏政教合一的封建农奴制度，开创了西藏人民掌握自己命运、实现当家作主的新时代；1965年西藏自治区成立，民族区域自治制度在西藏正式确立，西藏社会制度实现了历史性跨越。从此，西藏人民和全国各族人民一道，在社会主义祖国大家庭中，在中国共产党的领导下，政治、经济、文化、社会等各方面发生了翻天覆地的巨大变化。当前，西藏正处在经济社会发展的最好时期。

经济快速发展，农牧民生活水平不断提高。西藏的经济增长速度多年高于全国平均水平，2001年以来连续7年保持12%以上的增长速度。到2007年，西藏自治区生产总值超过300亿元，人均达到12000元，农牧民人均纯收入达到2788元。除少数牧区外，西藏所有的家庭都有固定的住房，农牧民安居工程已让11.4万户、57万多农牧民迁入新居。

中央政府助力西藏经济社会实现跨越发展

青藏铁路运营一年半为西藏输送游客595万人次

西藏通信事业发展步伐越来越快

交通、邮电、通信等基础设施明显改善。西藏全区已建成117项重点建设项目。青藏铁路的建成通车，将西藏和祖国各地、和整个世界更加紧密地连在一起。新藏公路改扩建、巴河雪卡和老虎嘴水电站、林芝电网、“三大灌区”等重大项目正在加快建设。全区有612个乡通公路，所有乡镇通电话，70%以上的乡镇通邮。

教育、医疗等社会事业发展迅速。和平解放时西藏没有任何现代教育设施。目前西藏全区小学入学率达到98.2%，初中入学率达到90.2%。对农牧区小学、初中生实施包吃、包住、包学习费用的“三包”政策，在全国率先实现城乡免费义务教育。西藏人口平均寿命由民主改革前的35.5岁提高到现在的67岁，藏族人口由和平解放时的不到100万增加到现在的250多万。西藏所有农牧民都已参加了以免费医疗为基础的农牧区合作医疗。

文化建设成就显著。广播和电视人口覆盖率分别达到87.8%和88.9%。国家大力保护和弘扬西藏优秀传统文化，在过去20年里，已累计投入7亿多元用于西藏的文物保护工程，维修开放了1400多处宗教活动场所；组织藏文《大藏经》对勘出版，抢救整理并出版藏族英雄史诗《格萨尔王传》。

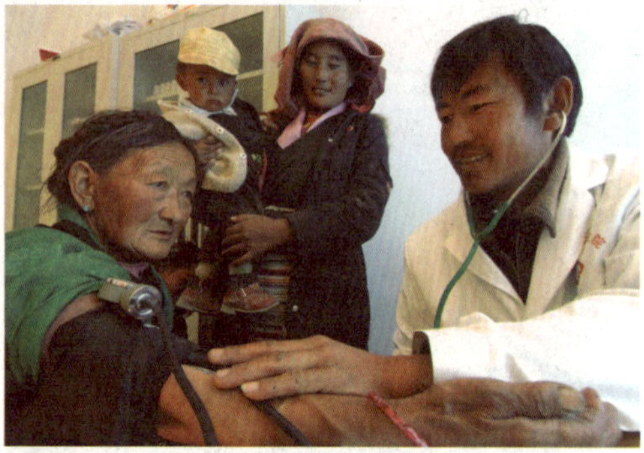
西藏农牧区新型合作医疗暖人心

1990年以来已经印制出版《甘珠尔》大藏经1490部

民主权利得到切实保障。1965年西藏自治区成立以来，西藏人民享有了宪法和法律赋予的选举权和被选举权，藏族和其他少数民族干部已成为西藏自治区干部的主体。西藏人民始终享有充分的宗教信仰自由，信教群众的宗教需求得到充分满足。

西藏的沧桑巨变，揭示了一个伟大而又平实的真理：只有在中国共产党的领导下，只有在祖国大家庭的怀抱里，只有坚定地走中国特色社会主义道路，坚持民族区域自治制度，西藏才能发展进步，才能彻底改变贫穷落后的面貌。这是西藏各族人民在实践中得出的最重要的结论，也是今后稳定西藏、建设西藏、发展西藏、繁荣西藏必须遵循的根本原则。

坚决维护西藏繁荣稳定

2008年3月14日上午，“阳光城”拉萨，一场劫难突然降临。11时许，一些不法分子呼喊着“西藏独立”之类的口号，丧心病狂地焚烧过往车辆，追打过路群众，冲击并烧抢银行、商场、电信营业网点、学校和政府机关。此后四川、甘肃、青海藏区的个别地方也出现聚集闹事和打砸抢烧严重暴力犯罪事件。在拉萨“3·14”事件中，极少数不法分子打砸抢烧，烧死、砍死无辜群众18人，致伤群众382人，纵火焚烧学校、医院、银行、机关、企事业单位建筑物30多座和民宅100多户，手段之残忍令人发指。

目前西藏社会秩序已经恢复正常

暴徒在光天化日之下打砸抢烧，严重侵犯人权，严重扰乱正常社会秩序，给人民生命财产安全造成巨大危害。对于如此严重的犯罪行为，任何一个文明社会都不会迁就容忍，任何一个负责任的政府都不能坐视不管。事件发生后，党中央、国务院高度重视，及时作出部署，有关部门和地方党委政府从维护社会稳定、国家法制和西藏各族群众根本利益的大局出发，紧密团结各族群众，迅速依法采取措施，果断

平息了暴力事件。在整个处置过程中，执法人员保持了极大克制，得到了包括西藏各族群众在内的全国人民的衷心拥护，也得到了国际正义力量的理解和支持。

事实证明，拉萨“3·14”事件不是孤立的、偶然的，而是由达赖集团有组织、有预谋、精心策划和煽动的，由境内外“藏独”分裂势力相互勾结一手制造，其目的是通过挑起事端，向中国政府施压，干扰北京奥运会，破坏中国的安定和谐。拉萨“3·14”事件并不像达赖集团宣扬的是什么为争取“自由”和“人权”进行的“和平示威”、“非暴力”行动，而是赤裸裸的犯罪暴行，其实质不是民族问题，不是宗教问题，也不是人权问题，而是维护祖国统一和分裂祖国的问题，我们同达赖集团的斗争是一场维护祖国统一的斗争。

达赖喇嘛是旧西藏政教合一的封建农奴制度的总代表。因反对民主改革和解放农奴，达赖集团1959年发动叛乱，失败后逃往国外。他们不甘心失去在旧西藏的封建特权，始终没有放弃“藏独”主张，通过成立“流亡政府”，重新组织叛乱武装，挑拨民族关系，制造骚乱事件等一系列分裂破坏活动，谋求“西藏独立”。达赖集团打着宗教的幌子，不仅在口头上而且在行动上大力从事违背时代潮流的政治活动，

妄图分裂国家，复辟旧的政教合一的封建神权专制制度。达赖集团2007年曾多次声称："2008年是关键的一年，奥运会也许是藏人的最后机会了"，挑唆把"西藏问题"与北京奥运会联系起来。拉萨"3·14"事件后，达赖集团通过各种渠道与境内联系，频繁向境内发布指令，煽动不明真相的群众"行动起来"。这再一次证实达赖集团鼓吹的所谓"非暴力"，只不过是欺世盗名的幌子，难以掩盖其破坏民族团结、分裂国家的险恶居心。

达赖集团能够以从事分裂活动为生存方式，在于他们与国外敌对势力相互勾结、相互利用。达赖集团在台前，充当"马前卒"，国外敌对势力在幕后，给予支持资助。特别值得注意的是，在拉萨"3·14"事件的报道中，部分西方媒体与国外敌对势力相互配合，掀起了一轮反华舆论狂潮。一些西方媒体歪曲事实，他们指鹿为马，把救护车的照片标注为中国军车；张冠李戴，把尼泊尔警察驱散游行者的照片说成是中国警察在镇压抗议者；移花接木，把6年前武警战士参加电影拍摄时的照片说成是"中国军人在假扮僧侣"；掐头去尾，把犯罪分子向警车投掷石块的照片裁剪后说成是中国军车正在冲向西藏平民。他们肆无忌惮地诬蔑中伤、煽动蛊惑，公开支持达赖集团分裂祖国的叛国行径，个别媒体肆意侮辱和诋毁中国人

藏族群众欢庆林芝机场通航

拉萨河直孔水电站投产发电

改革开放以来西藏教育得到迅速发展

西藏"电视进万家"工程惠及三万多个贫困家庭

民，充分暴露出他们"客观中立"新闻观的两面性与虚伪性。

无论是达赖集团分裂祖国的阴险图谋，还是国外敌对势力与一些西方媒体在拉萨"3·14"事件中的造谣诬蔑、沆瀣一气，不仅没有迷惑和蒙蔽中国人民，反而激起了全球华人的强烈义愤，使广大干部群众特别是青年学生受到了一次生动具体的爱国主义教育，有力地激发了爱国热情，极大地凝聚了民族精神。

人人皆有自己的祖国，祖国永远是每个人的心灵归依。共有的历史、相同的信念，让藏族同胞与祖国各族人民荣辱与共、彼此相依。国家主权和领土完整是中华民族的根本利益，维护祖国统一和民族团结是每一个中国人的崇高职责和使命。历史已经证明并将继续证明，分裂祖国的图谋不会得逞，也没有出路，是注定要失败的。

在祖国辽阔的晴空下，西藏的明天必将更加和谐美好！

深度阅读

- 中国国务院新闻办公室：《西藏的民族区域自治》，《人民日报》2004年5月24日。

相关链接

- 人民日报评论员：《坚持法制　保护人民　维护稳定》，《人民日报》2008年3月21日。

18

由人民共享发展成果

——为什么要促进社会公平正义

学生们喜迎免交学杂费的新学期

“上学不用交学杂费，每年还有300元生活补贴，我觉得这一切都像在梦中！”这是内蒙古自治区包头市一个初中生的真实心声，他在2006年辍学后又因免除学杂费政策的施行而得以重返校园。2007年，我国全部免除了农村义务教育阶段学杂费；从2008年秋季起，又将全面免除城市义务教育阶段学杂费。这一项惠及百姓的“民心工程”，使得贫困家庭的孩子不再因付不起学杂费而丧失接受教育的机会，是党和国家致力于促进社会公平正义、推动社会和谐发展的一个缩影。

发展中国特色社会主义的重大任务

公平正义，是人类追求美好社会的一个永恒主题，是社会发展进步的一种价值取向。人类自进入阶级社会以后，由于私有制、剥削和压迫的存在，人与人之间产生了极大的不平等。从此，人们对未来理想社会的期待和设计，始终贯穿着对社会公平正义的向往与追求。但是，由于历史和阶级的局限，以往思想家们对公平正义的追求只能是一种无法实现的空想。马克思主义第一次把公平正义的实现建立在科学基础之上，指明社会不公的根源在于建立在生产资料私有制基础上的剥削制度，只有建立社会主义制度，才能真正实现社会公平正义。马克思主义的公平正义观为实现社会公平正义提供了重要思想理论基础。

社会公平正义程度不断提高，群众乐开怀

实现社会公平正义是中国共产党人的一贯主张。我们党的性质和宗旨，决定了党从诞生之日起，就把实现社会公平正义作为一项政治主张和奋斗目标。党领导人民取得新民主主义革命的胜利，实现民族独立和人民解放，是为了促进社会公平正义；党领导人民进行社会主义革命、建设和改革，不断增强综合国力，提高人民生活水平，也是为了促进社会公平正义。新中国成立后，毛泽东同志对社会主义基本经济制度、政治制度、文化制度的设计和建设都包含着对公平正义的追求。在改革开放的历史新时期，邓小平同志把实现社会公平正义纳入社会主义本质要求之中。党的十三届四中全会以后，江泽民同志强调要把社会公平正义问题作为涉及全社会的重要战略问题加以解决。党的十六大以来，以胡锦涛同志为总书记的党中央，提出了构建社会主义和谐社会的重大战略思想，明确把实现社会公平正义作为社会主义和谐社会的基本特征和重要目标，强调实现社会公平正义是发展中国特色社会主义的重大任务。

实现社会公平正义是社会主义制度的本质要求。社会主义社会的本质是解放生产力，发展生产力，消灭剥削，消除两极分化，最终达到共同富裕。共同富裕，就是由人民共享发展成果，共同团结进步，这表明公平正义是社会主义社会追求的价值目标。对于社会和谐来说，公平正义则是其前提条件。公平正义是协调社会各个阶级阶层相互关系的基本准则，既能促进各方力量的“合”，也能推动长治久安的“和”。公平正义与社会主义的本质是内在统一的。

促进社会公平正义是深入贯彻落实科学发展观的必然要求。科学发展观的第一要义是发展，又好又快发展是促进社会公平正义的基础。以人为本是促进社会公平正义的价值取向，只有做到发展为了人民、发展依靠人民、发展成果由人民共享，才能真正实现社会公平正义。只有坚持全面协调可持续发展，统筹好各个领域的关系、兼顾好各个方面的利益，才能不断解决人民内部矛盾，才能不断促进社会公平正义。

为困难群众送去温暖

促进社会公平正义是全面建设小康社会的现实途径。党的十七大报告对实现全面建设小康社会奋斗目标提出了新的更高要求。无论是“扩大社会主义民主，更好保障人民权益和社会公平正义”，还是“实现人均国内生产总值到二〇二〇年比二〇〇〇年翻两番”、“人人享有基本生活保障”、“人人享有基本医疗卫生服务”等等，这些新要求无不直接或间接地体现了社会公平正义的基本原则和价值取向。

促进社会公平正义是当代中国社会发展的迫切需要。随着我国工业化、城镇化和经济结构调整的加速，以及社会组织形式、就业结构、社会结构变革的加快，一些突出的社会矛盾和问题亟待解决。在发展社会主义市场经济中，出现了各种不同的利益群体，产生了多样化的利益需求，社会关系更为复杂，人民内部利益矛盾出现新情况。尤其是城乡发展不平衡、地区发展不平衡、经济社会发展不平衡的矛盾更加突出，缩小发展差距和促进经济社会协调发展任务艰巨，教育、就业、医疗、社会保障等成为全社会关注的热点焦点问题。因此，把逐步实现社会公平正义放到更加突出的地位，是大势所趋、民心所向。

在新的发展阶段，我们要深入贯彻落实科学发展观，既要通过解放和发展生产力，不断增加社会物质财富、不断改善人民生活；又要通过逐步实现社会公平正义，不断激发全社会的创造活力、不断促进社会和谐。这两大任务相互联系、相互促进，是统一的整体，贯穿于整个发展中国特色社会主义的伟大进程之中。

促进社会公平正义取得新成就

改革开放以来，特别是党的十六大以来，党领导全国各族人民团结奋斗，经济社会建设取得了举世瞩目的成就。在坚持以经济建设为中心的同时，坚持发展为了人民、发展依靠人民、发展成果由人民共享，保障人民各种权利的行使和权益的实现，努力解决人民群众最关心、最直接、最现实的利益问题，各项社会事业迅速发展，民生问题得到高度重视，进一步促进了社会公平正义。

从宏观发展来看，国民经济的快速发展、社会主义民主政治的稳步推进，不断夯实着社会公平正义的基础。近年来，通过实施西部大开发、振兴东北地区等老工业基地、促进中部地区崛起以及建设社会主义新农村等重大战略，区域、城乡协调发展的势头越来越明显。人民代表大会制度、中国共产党领导的多党合作和政治协商制度、民族区域自治制度以及基层群众自治制度不断完善，服务型政府建设力度继续加大，公共服务领域的投入增幅明显，人民当家作主的权利、

国家政策好　农民得实惠

享受公共服务的权益得到了更好的保障。

从人民群众切身利益来看，这几年是城乡居民生活水平提高最快的时期之一。从2002年至2007年，我国城镇居民人均可支配收入，从7703元增加到13786元；农民的人均纯收入，从2476元增加到4140元。老百姓的“钱包”更鼓了，“家财”更多了，打下了迈向共同富裕的坚实基础。关心农村的人不难发现，近年来，中央解决“三农”问题的政策之密、力度之大，前所未有。从在全国范围内取消农业税、结束两千多年农民种粮纳税的历史，到不断加大对农民种粮直接补贴的力度；从实施工业反哺农业、城市支持农村的方针，到连续五年出台五个“一号文件”……政策好，实惠多，农民的心气越来越顺，劲头越来越足。农业发展的喜人变化，说明中央近年来统筹城乡发展、缩小城乡差距成效显著，社会公平正义程度正不断提高。

专场招聘会帮助下岗女工再就业

农村低保给农民解决后顾之忧

更让广大群众交口称赞的是，一些突出的民生热点问题正在逐步得到解决。随着积极就业政策的实施，城镇登记失业率呈现出稳中有降的趋势，基本解决国有企业下岗职工再就业问题，2007年城镇新增就业人员达到创纪录的1204万人。为了让所有孩子都能上得起学，从2007年起，在全国城乡逐步施行全免义务教育阶段学杂费的政策。加快建立覆盖城乡居民的社会保障体系，2007年，全国城镇职工基本养老保险参保人数突破2亿人，基本医疗保险参保人数达到1.8亿人；在农村全面建立最低生活保障制度，3451.9万农村居民被纳入保障范围。针对群众反映的看病难、看病贵问题，着力推广新型农村合作医疗制度，并探索建立基本医疗卫生制度。针对群众反映强烈的住房问题，建立健全经济适用房和廉租房制度……一件件、一桩桩民生措施，使人们切身感受到促进社会公平正义带来的贴心、温暖和实惠。

进一步实现社会公平正义

我国社会正处在发展机遇期和矛盾凸显期并存的关键时期，这一时期既有促进社会公平正义的有利条件，也存在制约实现社会公平正义的不利因素，必须重视解决，努力促进社会公平正义。同时，还应认识到，实现社会公平正义是一项长期的历史任务，是一个需要长期努力奋斗的历史过程，不可能一劳永逸。必须从社会主义初级阶段基本国情出发，既尽力而为，又量力而行，切实推进社会公平正义。

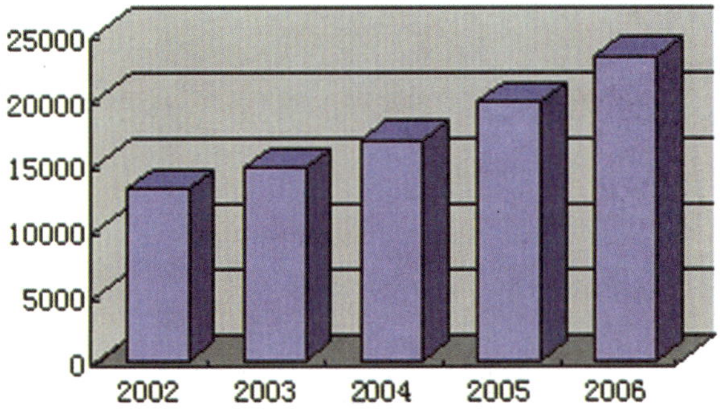

近年来我国职工工资总额增长图（单位：亿元）

继续推进社会公平正义，首先要靠发展。发展是促进和实现社会公平正义的前提，社会不公现象的不断解决，公平正义程度的不断提高，最根

努力实现人人学有所教、劳有所得、病有所医、老有所养、住有所居，促进社会公平正义

本的还是取决于生产力的发展水平。必须坚持以经济建设为中心，大力发展生产力，用发展的办法解决前进中的问题，为实现社会公平正义创造雄厚的物质基础。

进一步深化收入分配制度改革。合理的收入分配制度是社会公平的重要体现。党的十七大提出："初次分配和再分配都要处理好效率和公平的关系，再分配更加注重公平。逐步提高居民收入在国民收入分配中的比重，提高劳动报酬在初次分配中的比重。"这既有利于提高经济效率，不断增加社会财富，又有利于促进社会公平正义，充分发挥各方面的积极性。

加快各项社会事业建设，积极改善民生。当前，影响社会公平正义的突出矛盾与问题主要集中在民生领域。促进和实现社会公平正义，关键是加快推进以改善民生为重点的社会建设，让全体人民共享发展成果。要大力促进教育公平，保证人民享有接受良好教育的机会；促进以创业带动就业，使城乡劳动者能够平等就业；扭转收入分配差距扩大趋势，使中等收入者占多数；完善社会保障制度，建立健全覆盖城乡居民的社会保障体系；建立基本医疗卫生制度，使人人享有基本医疗卫生服务，努力使全体人民学有所教、劳有所得、病有所医、老有所养、住有所居，真正做到使社会各方面的利益关系得到妥善协调，人民内部矛盾和其他社会矛盾得到正确处理,社会公平和正义得到切实维护和实现。

建立健全促进社会公平正义的制度保障体系，促进规则公平。社会公平正义是制度的首要价值，制度则是社会公平正义的根本保证。所有促进公平正义的具体工作和成果只有通过一定的制度安排和制度运行，才能转化为社会成员切实拥有的权利和利益，才能使社会公平正义得到实质性的推动和促进。制度化的关键是法制化，制度建设的重点是法制建设。要重点推进法制建设和司法体制机制改革，抓紧制定和完善保障公民权利、维护社会安定、促进经济社会全面进步的法律，建设公正高效权威的社会主义司法制度，发挥司法保护人民合法权益和维护社会公平正义的重要职能。

在源远流长的中华文化传统中，那种人人平等、生活幸福、社会和谐的“大道之行，天下为公”的理想社会，一直是人们永恒的冀望和追求。只要我们不断发展中国特色社会主义，坚持不懈地促进社会公平正义，几千年来中国人追求的理想社会，就会真正成为看得见、摸得着的现实。

深度阅读

- 温家宝：《政府工作报告》，人民出版社2008年3月版。

相关链接

- 教育部邓小平理论和“三个代表”重要思想研究中心：《保障社会公平正义　促进社会和谐》，《求是》2007年第2期。

19

实施《劳动合同法》的思考

——为什么要着力建设和谐劳动关系

2007年6月29日，在十届全国人大常委会第28次会议上，历经4次审议的《中华人民共和国劳动合同法》以高票通过。在这部法律的制订过程中，全国人大曾向全社会公开征集意见，一个月里通过网络、报刊、信件收到的意见共19万多条，其中65%以上都来自普通劳动者。2008年1月1日，这部法律正式实施。2008年“两会”期间，《劳动合同法》再次成为代表、委员们关心的热门话题。为什么一部乍听起来似乎平常的法律，会引起人们如此热切的关注？因为这部以保护劳动者

《劳动合同法》以高票通过

合法权益、建设和谐劳动关系为宗旨的法律的实施，关系到千百万普通劳动者的切身利益，标志着我国劳动关系进入了一个新的发展阶段。

劳动关系的和谐是社会和谐的基础

在现代社会中，绝大多数人都要通过找一个工作岗位，以自己的劳动换取相应的报酬，来维持基本的生存。这样，就形成了劳动关系。劳动关系是社会关系中最重要、最基本的关系，许多其他方面的社会关系在很大程度上都是由劳动关系衍生出来的。

> **什么是劳动关系**
>
> 指劳动者与用人单位（包括各类企业、个体工商户、事业单位等）在实现劳动过程中建立的社会经济关系。从广义上讲，任何劳动者（无论生活在城市或农村）与任何性质的用人单位之间凡因从事劳动而结成的社会关系都属于劳动关系。从狭义上讲，现实经济生活中的劳动关系指依照国家劳动法律法规，因就业行为而产生的关系，是用人单位与员工之间的权利义务关系。

从字面意义上来理解，和谐劳动关系是指劳动关系双方一种和谐融洽的良性状态。比如说，构成劳动关系的双方以良性互动、真诚合作、共谋发展为目标；各自的利益诉求能在你中有我、我中有你的共同发展中得到有效实现；在出现利益冲突时，能够通过民主协商的途径，依法协调彼此的利益矛盾，最终达到互惠互利、共荣共赢。

党和政府始终高度重视维护和促进劳动关系的稳定和谐。党的十六届六中全会提出“发展和谐劳动关系”，党的十七大报告要求“规范和协调劳动关系”，2008年的《政府工作报告》又对建设和谐劳动关系

人头攒动的就业招聘会

作出部署。当前为什么要突出强调建设和谐劳动关系？劳动关系和谐有什么重要意义？

建设和谐劳动关系是落实科学发展观的本质要求。科学发展观是造福人民的发展观，它的核心是以人为本，就是发展为了人民、发展依靠人民、发展成果由人民共享。这就要求在发展过程中，切实维护好、实现好和保障好人民的健康权利、安全权利、劳动权利、受教育权利等生存权和发展权。饭碗对老百姓来讲，是天大的事情。劳动关系和谐健康，经济发展才能又好又快，科学发展观的要求才能实现。

建设和谐劳动关系是社会主义和谐社会的题中应有之义。党的十七大强调，构建社会主义和谐社会是贯穿于中国特色社会主义事业全过程的长期历史任务。在构建和谐社会的总体格局中，保持健康、稳定、协调的劳动关系至关重要。劳动关系和谐是社会最大的和谐，和谐社会一定是广大劳动者正当利益真正得到实现的社会，也一定是劳动关系双方都能够共赢共荣的社会。没有健康和谐的劳动关系，整个社会的和谐就失去了广泛而坚实的基础。

员工在和谐的企业文化氛围中交流管理知识

建设和谐劳动关系是完善社会主义市场经济体制的内在要求。完善社会主义市场经济体制，要求建立完备的市场法律法规、社会信用体系、现代企业制度，从而充分发挥市场在资源配置中的基础性作用，使社会各方面的利益都得到合理的实现和安排。构建和谐劳动关系，有助于巩固和健全适应社会主义市场经济体制要求的劳动用工机制，实现劳动力资源的有序流动和合理配置，增强就业稳定性和提高就业质量，保障劳动者合法权益的落实，对于社会主义市场经济健康发展具有十分重要的意义。

《劳动合同法》是促进劳动关系和谐的重要保证

劳动关系是最基本的社会关系。判断劳动关系的和谐程度，推进和谐劳动关系的建设，需要一个准则。正如结婚证是婚姻关系的凭证一样，劳动合同是劳动关系的载体，是用人单位和劳动者的权利和义务的凭证。完善的劳动合同制度是和谐劳动关系的重要体现。我国的劳动合同制度是随着经济体制改革不断深化而逐步建立和发展起来的。1994年制定的《中华人民共和国劳动法》，确立了与社会主义市场经济体制相适应的劳动合同制度。十几年的实践证明：劳动合同制度的确立，对于规范社会主义市场经济条件下的劳动关系，实现劳动力资源的市场配置，保护劳动者的合法权益，促进劳动关系和谐稳定，发挥了积极作用。我国已初步形成建立方式市场化、权利义务契约化、用工形式多样化、争议解决法制化的劳动关系格局。

《劳动合同法》受到广泛关注

近几年来，随着工业化、城镇化和经济结构调整进程加快，企业制度改革不断深化，企业形式和劳动关系日趋多样化，劳动用工制度发生深刻变化，劳动关系领域出现了一些新情况、新问题，劳动者合法权益受到侵害的现象时有发生，在一些地区、行业和单位甚至相当严重，影响了劳动关系的和谐稳定。带有普遍性的问题主要有：劳动合同签订率低，出现劳动争议时劳动者的合法权益得不到有效保护；劳动合同短期化，劳动关系不稳定；用人单位利用自己在劳动关系中的强势地位侵犯劳动者合法权益等。

这些问题的存在，导致劳动争议案件和因劳动纠纷引发的群体性事件呈不断上升趋势。据资料显示，1995—2006年劳动争议案件从3.3万件增加到31.7万件，增加了9.6倍。劳动关系领域出现的这种不和谐态势，不仅影响着劳动者权益的实现，也影响到企业的发展，给社会稳定带来风险和隐患。因此，无论是从法律自身完善的角度来看，还是从规范和协调现实劳动关系的角度来看，都迫切要求在劳动关系建立伊始，就从源头上把对劳动者权益的保护纳入更严格规范的法律架构之中，以更大的力度矫正劳动关系的失衡失范，从根本上促进劳动关系的和谐，推动经济社会健康发展。《劳动合同法》就是在这样的背景下应运而生的。

《劳动合同法》旗帜鲜明地保护劳动者的合法权益，在具体内容中加大了对劳动者保护的力度，这在目前劳动者权益还得不到充分尊重的情况下，对于保护劳动

农民工根据《劳动合同法》喜签合同

者的权益和增强劳动者对党和政府的信任，具有积极的意义，为构建与发展和谐稳定的劳动关系提供了有力的法律保障。

《劳动合同法》为守法企业也创造了更为公平的竞争环境，有利于促进企业长远健康发展。毋庸讳言，《劳动合同法》对企业的经营管理理念、方式提出了更高的法制要求，但这恰恰又是一个提高我国企业劳动生产率、推进经济发展方式转变的重要契机，有助于企业把过去以低劳动成本为基本竞争手段的发展模式转变为以构建和谐劳动关系、提高创新能力为基本手段的发展模式。

《劳动合同法》颁布之后，各方反应非常积极。据一些媒体调查显示，在了解该法内容的民众当中，有六成以上对该法表示满意。不少用人单位也在该法颁布的第一时间内，迅速表示欢迎与支持。理论界、学术界也对这次立法所体现的民主协商、凝聚共识的立法精神予以肯定。但是，在从《劳动合同法》颁布到实施的半年时间里，我国劳动力市场上也出现了一些“不和谐的音符”，不时传出有的企业强迫员工“自愿”辞职重签劳动合同的消息，有的用薪资待议、工龄归零、劳务派遣取代劳动合同等方式来规避即将实施的《劳动合同法》。这些现象的发生，表明一些用人单位出于利益考虑，对《劳动合同法》还存在着误解误读或者阳奉阴违的态度。

比如，有的人认为《劳动合同法》过分保护劳动者而有伤企业经营者权益。其实，这部法律以保护劳动者为出发点，目的是构建一个和谐、稳定、持续的劳动关系，实现企业竞争力的不断提升，使企业和员工共同发展。它在保护劳动者权益的同时，也保护了企业的长远利益。

有的人认为《劳动合同法》规定的无固定期限合同是养“懒人”的“铁饭碗”。其实，这是鼓励和引导用人单位与劳动者签订长期劳动合同，培养企业对员工的责任感和员工对企业的归属感，而不是搞终身制。在许多国家，无固定期限劳动合同已成为普遍的合同形式。如果劳动者严重违反用人单位的规章制度，只要这些规章制度属于法律认可的范畴，用人单位可以单方面解除劳动合同。

还有的人认为《劳动合同法》加大了企业的用人成本，不利于企业发展。其实，如果企业以侵害劳动者合法权益的低成本获益，拿这样的低成本作为竞争优势，这样的企业做不大，也做不长。企业应依靠管理和技术创新降低成本、提高效益。这部法律只是提高了企业的违法成本，而保护了广大规范用工单位的利益。

《劳动合同法》虽然颁布实施了，但是对它的宣传学习、贯彻落实还有很长的一段路要走。法律的生命在于深入人心，在于得到严格的执行。《劳动合同法》是一部好法，但是，如果不能正确理解、自觉遵守与贯彻这部法律，再好的法也会失去意义。因此，我们要从深入贯彻落实科学发展观、构建社会主义和谐社会的高度，广泛宣传、认真学习、切实贯彻《劳动合同法》。最近，国务院法制办颁布了《劳动合同法实施条例（草案）》，征求社会各界意见。该草案对《劳动合同法》中的固定期限劳动合同、经济补偿与赔偿金的关系、劳务派遣等群众关注的问题作了详细的规定，对于进一步贯彻实施《劳动合同法》具有重要的意义。

劳动关系法律普法咨询到街头

把发展和谐劳动关系落到实处

促进劳动关系和谐，是一个不断发现和化解劳动关系中不和谐因素、实现劳动关系平衡的动态过程，需要政府、社会、企业等方方面面共同努力。

加强和完善法制建设。劳动关系和谐，必须走法治之路。近年来，我国《劳动合同法》、《就业促进法》、《劳动争议调解仲裁法》相继出台，《社会保险法》、《企业工资条例》等正在制订中。同时，要在法律的执行环节做深入扎实的工作。比如，做好法律法规的配套工作，制订严密可行的程序性实施细则；公正司法，让违法者为自己的违法行为付出应有的代价；有效发挥各级人大监督法律实施的职能，创新提高监督工作水平和质量的机制、手段、方法；通过普法宣传，增强公民运用法律维权的意识等。

中华全国总工会关于创建劳动关系和谐企业的八条标准

1. 严格依法执行劳动合同制度，劳动用工行为规范。

2. 建立平等协商和集体合同制度。

3. 依法保障职工劳动经济权益。

4. 全心全意依靠职工群众办企业，坚持和完善职工代表大会和其他形式的企业民主管理制度；公司制企业建立职工董事制度和职工监事制度；坚持厂务公开，职工的民主选举、民主决策、民主管理、民主监督权利得到有效保障。

5. 尊重和维护职工精神文化权益。

6. 建立健全工会劳动保障法律监督组织和企业劳动争议调解组织。

7. 维护女职工和未成年工的合法权益和特殊权益。

8. 建立健全工会组织，支持工会依照《工会法》和《中国工会章程》开展工作，依法拨缴工会经费。

江苏某企业职工代表与管理者进行工资协商

发挥政府的主导作用。各级政府是劳动者基本权益的保护者、集体谈判与民主参与的促进者、劳动争议的调停者、就业保障与人力资源的规划者。平衡劳动关系中的各方利益，让更多的人分享改革发展成果，是各级政府义不容辞的责任。要制订有利于扩大就业的发展战略，规范劳动力市场运作，引导和督促各类企业同劳动者依法签订并履行劳动合同，严厉打击各种非法用工行为，将劳动就业工作导向科学合理、良性发展的轨道。通过确定最低工资、发布工资增长指导线、反就业歧视等措施，维护劳动者特别是农民工的合法权益。加强劳动保护，健全劳动保障监察体制和劳动争议调处仲裁机制。

引导企业履行社会责任。形成和谐劳动关系是企业责任的最好体现。企业管理者应当认识到，企业和员工是共生、共赢、共长的关系。企业对员工负责，员工才会对企业负责。因此，企业应该保护员工的就业稳定，给予其合理的薪酬和福利，为其提供增长才干的机会，帮助和促进员工实现个人发展。当员工深深感受到企业对其工作、生活及未来真诚负责时，就会与企业实现心对心的交换，自觉自愿地忠诚于企业、奉献于企业。

强化工会和行业组织作用。有人说，资本没有国籍，工人有国籍。工会和行业组织是现代劳资矛盾的产物，在协调劳动关系矛盾中能起到政府起不了的作用。工会和行业组织依据《劳动合同法》履职维权，求得双赢。近年来，中华全国总工会广泛开展“创建劳动关系和谐企业”活动，成为具有社会影响力的工会维权工作新品牌。各级工会积极敦促企业解决职工反映强烈的“合同不签、保险不上、工资不涨”等问题，收效明显。江苏省九成以上的企业，每年开展一次工资协商，推动职工工资在生产发展的基础上不断提高。在浙江省温岭市，一些行业的工人工资由工人、老板和行业组织公开谈判决定。据调查，90%以上的国外投资者愿意把劳动关系和谐企业作为合作首选对象。

提高劳动者自身素质。劳动者应树立利益共同体观念，强化责任感，培养归属感，与企业共荣辱。要努力顺应市场经济发展的要求，加强自身学习，提高职业素养，恪守职业道德，干一行，爱一行，钻一行，成一行。劳动者还要学法懂法、依法维权，在出现劳动争议时，积极运用法律手段来维护自己的合法权益。

在党和政府的高度重视下，在社会各方的共同努力下，随着《劳动合同法》的逐步实施，我国劳动者的合法权益将得到进一步的保障，和谐劳动关系建设的环境将会有更大的改善，我们一定能够创造出公平正义、奋发进取和劳有所得、安居乐业的社会和谐新局面。

深度阅读

- 《中华人民共和国劳动合同法》，法律出版社2007年7月版。

相关链接

- 《〈中华人民共和国劳动合同法〉解读》，中国法制出版社2007年7月版。
- 杨景宇等：《深入学习宣传〈劳动合同法〉　大力构建和谐劳动关系》，《人民日报》2007年8月11日。

20

从7.3亿农民参加新型农村合作医疗谈起

——为什么要让人人享有基本医疗卫生服务

近日，只有小学文化水平的重庆市江津区的徐云贵老人，写下平生第一篇散文，歌颂新型农村合作医疗制度。原来，老人2007年患脑溢血住院用去1.2万元，却拿到了1.075万元的报销款。2007年，全国2448个县（区、市）里有7.3亿像徐云贵一样的农村居民参加了新型农村合作医疗制度，参合率达到86%，累计受益人次接近2亿。这种合作医疗制度作为党和政府推进医疗卫生事业发展、保障人民健康的重要举措之一，

受到了广大农村居民的热烈欢迎。目前，新型农村合作医疗制度正在与其他惠民利民的基本医疗卫生制度一起，朝着党的十七大报告中提出的“人人享有基本医疗卫生服务”的目标稳步推进。

促进社会公平正义的重要体现

“有健康，才有将来。”健康是每个人生存与发展的基础，与千家万户的幸福生活息息相关。然而，在生命的旅程中，每个人随时都有罹患疾病的风险，这时就需要求医看病以恢复健康。因此，医疗卫生作为服务于每个社会成员身心健康的社会事业，是当今世界各国为其国民提供的基本公共服务之一。

由于社会制度、发展水平等方面的差异，不同国家为其国民提供的医疗卫生服务的水平与覆盖面相差很大。我国是社会主义国家，发展医疗卫生事业，提高人民群众健康水平，一向受到党和国家的高度重视。在党的十七大报告中，明确提出要让“人人享有基本医疗卫生服务”，并将其作为全面建设小康社会奋斗目标新要求中的一项具体内容，还把“病有所医”列为

什么是“人人享有基本医疗卫生服务”

“人人享有”的本质含义是“公平享有”，任何公民，无论年龄、性别、职业、地域、支付能力等，都享有同等权利。“基本医疗卫生服务”指的是与我国社会主义初级阶段经济社会发展水平相适应的，国家、社会、个人能够负担得起的，投入低、效果好的医疗卫生服务。它既包括疾病预防控制、计划免疫、健康教育、卫生监督、妇幼保健、精神卫生、卫生应急、急救、采供血服务以及食品安全、职业病防治和安全饮用水等公共卫生服务，也包括采用基本药物，使用适宜技术，按照规范诊疗程序提供的急慢性疾病的诊断、治疗和康复等医疗服务。

社会建设的“五有”目标之一。这是新世纪新阶段，我们党针对我国经济社会发展和医疗卫生事业出现的新形势，为在经济发展的基础上不断提高全体人民健康水平而提出的重大战略部署。

“人人享有基本医疗卫生服务”目标的亮点在于“人人享有”。这鲜明体现了我们党全心全意为人民服务的根本宗旨，体现了科学发展观以人为本的精神，贯彻了“发展为了人民、发展依靠人民、发展成果由人民共享”的要求，具有极为重要的现实意义。

“人人享有基本医疗卫生服务”，是促进人的全面发展、体现社会主义制度优越性的根本要求。马克思主义历来把人的自由而全面的发展当做自己的理想目标，并认为这是一个在社会主义社会就要持续推进、进而在共产主义社会最终实现的价值目标。人的全面发展，不仅需要以发达的生产力、累积的社会财富为现实基础，更需要以发展的主体——广大人民群众自身的健康为前提条件。作为一个人来说，如果没有健康，就会失去一切，更谈不上全面发展了。只有让每个人都能享受到便捷、价廉的医疗卫生服务，人民群众的健康才有最基本的保障，全面建设小康社会才有最稳固的基础，人的全面发展才有最坚实的支撑。此外，社会主义为人的全面发展提供了制度保障，“人人享有基本医疗卫生服务”目标的设定，确立了我国医疗卫生事业为人民服务的宗旨，要求基本医疗卫生制度逐步向覆盖全体居民发展。这不仅有利于社会全体成员共同受益，也有助于减少疾病流行，使社会主义制度的优越性得到充分体现。

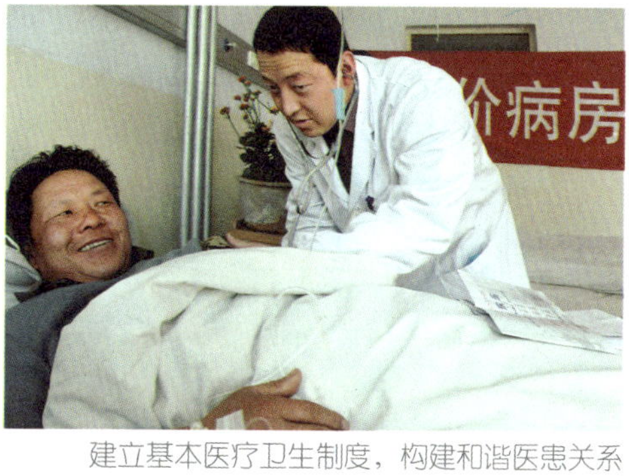

建立基本医疗卫生制度，构建和谐医患关系

“人人享有基本医疗卫生服务”，是维护社会公平正义、促进社会和谐的内在要求。我们在发展中国特色社会主义进程中，既要大力发展经济，也要注重促进公平正义。人人享有

绿洲效应

没有享受某种社会服务的人就好像沙漠，享受这种社会服务的人就好像沙漠中的绿洲，沙漠永远在吞噬着绿洲，而保护绿洲的唯一办法，就是把沙漠尽快地改造成绿洲。

基本医疗卫生服务，正是维护社会公平正义、实现人民共享改革发展成果的重要体现。如果不是"人人"，而是只有一部分人享有基本医疗卫生服务，一方面，这种服务往往会成为一种"特权"，而不能享受这种权利的常常又是弱势群体，此时反而会加大社会不公；另一方面，没有资格享受这种服务的人也会千方百计地利用其他方式来谋取这种权利，形成所谓"绿洲效应"，从而导致不公平行为的蔓延。人人享有基本医疗卫生服务，也体现了人与人之间的共济互助，有利于社会和谐。对于个人来说，将来会患什么病、需要多少钱等相关因素是不可预知的，因而发生疾病风险的不确定性比其他经济、社会风险更大。一旦发生大病，此时仅靠单个人自身的储蓄积累往往是无法承受的。应对疾病风险，更应该依靠参保群体之间的横向再分配和共济互助。也就是说，靠大多数不生病的人，用基本上不影响自己生活的少量资金投入医疗保险项目，以帮助少数生病的人渡过难关；而不生病的人在投入资金的同时，也享有了在自己生病时获得帮助的权利，这是一种符合大数定律的"双赢"，有利于人与人之间团结友爱、社会稳定和谐。

大数定律

就一个人群而言，发生某种风险的几率会随着规模的扩大而趋向一个常数。层次越高，范围越大，人数越多，这个客观存在的常数就越明显、越稳定。因此，抵御此种风险的保险项目参保的人越多，发生风险的几率就越小，保险项目本身的风险也就越小，亦即保险项目的稳定性、可靠性就越大。

撑起护卫人民健康的保护伞

说起医改，可能大家都已经耳熟能详了。随着近年来看病难看病贵等问题的日渐凸显，与老百姓切身利益密切相关的医疗卫生体制改革越来越受到广大群众的关注。医改的性质、方向以及具体方案也引发了全社会的大讨论，成为近两年全国“两会”上的一个热点话题。20多年的医改历程，恰似我国改革开放以来医疗卫生事业发展的一个缩影，鲜明地反映出新时期医疗卫生事业所取得的成就与面临的挑战。

我国人口健康状况在发展中国家处于先进水平

年份	人均期望寿命	婴儿死亡率	孕产妇死亡率
1949年	35岁	200‰	1500/10万
2006年	73岁	19.0‰	40.0/10万

新中国成立后，党和政府高度重视人民的健康状况，医疗卫生事业发展取得了举世瞩目的成绩，人民健康水平不断提高，基本上建立起一个与计划经济体制和农村集体经济相适应的，由公费医疗制度、劳保医疗制度和农村合作医疗制度共同组成的医疗卫生制度体系。但是，随着实践的发展，计划经济体制下医疗卫生模式僵化的弊端不断显现，农村合作医疗也逐渐难以为继。1985年，我国正式启动了医疗卫生制度改革。医改的逐步推进给我国医疗卫生事业注入了很大的活力，解决了医疗资源严重短缺的问题，但也带来了公益性质淡化等一些副作用。与此同时，进入新世纪新阶段，我国医疗卫生事业面临的挑战也非常严峻：卫生事业发展仍滞后于经济和其他社会事业的发展，医疗卫生服务

与人民日益增长的健康需求不适应的矛盾还相当突出。在多重因素的影响下，出现了看病难看病贵、药价虚高、医患关系不和谐等问题，引起社会的广泛关注。

党和国家高度重视医疗卫生事业发展中出现的新形势新问题，深入分析，果断决策，不断深化医疗卫生体制改革，努力解决群众反映强烈的医疗卫生问题。近年来，除了加大农村医疗卫生基础设施建设、发展城市社区卫生服务、遏制医疗费用过快上涨势头等具体措施，还重点开展了新型农村合作医疗和城镇居民基本医疗保险的试点工作，并逐步推广到覆盖全体城乡居民，受到了广大人民群众的欢迎与支持。

2002年，党中央、国务院发布了《关于进一步加强农村卫生工作的决定》，决定在农村地区推行新型农村合作医疗制度。其主要做法就是以大病统筹为主，适当兼顾小病，农民个人筹资一小部分，国家和地方政府补贴一大部分。由于解决了农民医疗费用的后顾之忧，广大农民参加新型农村合作医疗的热情高涨，各地新型农村合作医疗制度建立的速度越来越快。原计划是2010年达到农村地区“全覆盖”，从目前的发展态势看，2008年就能实现“全覆盖”。

2007年，国务院出台了《关于开展城镇居民基本医疗保险试点的指导意见》。针对除城镇职工以外的非从业居民（主要是老年人和未成

新型农村合作医疗发展情况

年份	试点县（个）	农民参合（亿人）	参合率（%）
2005年	678	1.8	75.7
2006年	1451	4.1	80.7
2007年	2448	7.3	86

年人），适时推出城镇居民基本医疗保险制度试点。试点工作已于2007年在有条件的省份开始启动，2008年将扩大试点，争取2009年试点城

市达到80%以上，2010年在全国全面推开，逐步覆盖全体城镇非从业居民。

此外，自20世纪末开始的全国范围内的城镇职工医疗保险制度改革也取得突破性进展，近年来覆盖的人口不断增加。城镇职工基本医疗保险参保人数占城镇就业人口的比例，从1998年的5%增长到2007年第三季度的64.6%。

目前，新型农村合作医疗制度的参合人数达到7.3亿人，超过农村常住人口的90%以上，若以户籍人口计算，则达到86%。城镇职工医疗保险制度的参保人数已经达到1.80亿人，城镇居民基本医疗保险参保人数达到0.41亿人，两者相加为2.21亿人，大约

城镇职工医保和城镇居民医保发展迅速

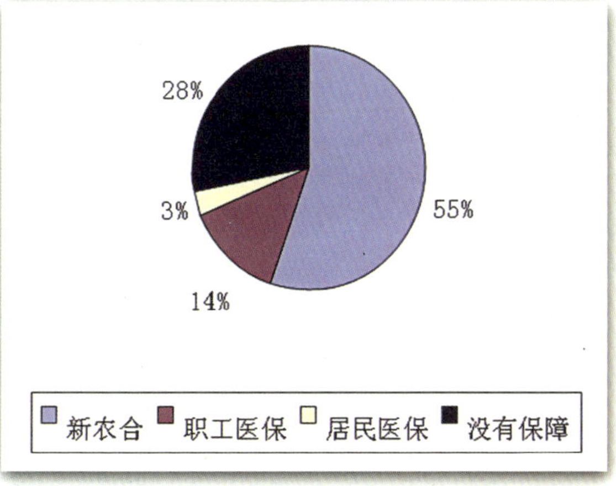

目前我国医疗保障覆盖的城乡居民比例图

为城镇常住人口的40%，若以户籍人口计算，则已近50%。

医疗保障体系是整个医疗卫生制度的基础部分，对于广大群众的身体健康、安居乐业具有重要意义。目前，新一轮医改的初步方案已经制定。在方案中，将继续促进建立覆盖全民的城镇职工医保、城镇居民医保与新型农村合作医疗制度。这三项不断衔接的制度，恰似一座稳定牢固的三角架，高高撑起一把护卫全体居民健康的保护伞，为实现人人享有基本医疗卫生服务不断打下坚实的基础。

把全民健康提升到更高水平

目标是灯塔，指引着航船的方向。“人人享有基本医疗卫生服务”目标的设定，满足了广大人民群众对良好的健康素质的需求，为当前及今后一个时期医疗卫生事业的改革与发展指明了方向。目标也是蓝图，需要全面细致的规划，脚踏实地的建设。要实现“人人享有基本医疗卫生服务”的目标，就必须深入贯彻落实党的十七大精神，走中国特色医疗卫生改革发展道路，建立起符合国情的制度，从基础性框架起步，朝着更加全面的水平发展；从覆盖面不够大，朝着逐渐覆盖城乡全体居民发展。

什么是基本医疗卫生制度

基本医疗卫生制度，就是由政府统一组织、向居民公平提供公共卫生和基本医疗服务的健康保障制度。其主要内容和形式是：以公共财政为主要资金渠道，以公共卫生机构、城市社区卫生和农村卫生机构为主要服务载体，以基本药物和适宜医疗技术为手段，以居民公平享有为目标，向城乡居民免费提供公共卫生服务，通过合理收费提供基本医疗服务。

当前，实现“人人享有

基本医疗卫生服务”目标的关键在于深化医疗卫生体制改革，建立基本医疗卫生制度。建立好这一制度，首先我们必须把握“两个坚持”的原则。一是“坚持公共医疗卫生的公益性质”。公益性是公共医疗卫生机构的本质属性，为人民健康服务是医疗卫生事业的生命线。要强化政府提供基本医疗卫生服务的责任，加大卫生投入，坚决杜绝那种“医院大门八字开，有病没钱莫进来”的现象。二是“坚持预防为主、以农村为重点、中西医并重”。俗话说，“良医治未病”。“预防为主”，就是着眼于人民群众的切身和长远利益，重视诊治“未病之病”、“欲病之病”。“以农村为重点”，就是要更加关注农民健康问题。农村一直是我们医疗卫生事业的“短板”，新增卫生投入与制定政策要优先向农村倾斜，使农民最终与城镇居民享有同样的基本医疗卫生服务。“中西医并重”，就是要扶持中医药和民族医药事业发展，促进中西医、中西药相协调。这两大原则，是医改以及医疗卫生事业的发展方向。

2008 年政府工作报告对推进卫生事业改革和发展的具体安排

一是加快建设覆盖城乡居民的医疗保障制度。城镇居民基本医疗保险试点要扩大到全国 50% 以上的城市；用两年时间将新型农村合作医疗筹资标准由每人每年 50 元提高到 100 元，其中中央和地方财政对参合农民的补助标准由 40 元提高到 80 元。健全城乡医疗救助制度。

二是完善公共卫生服务体系。加大对艾滋病、结核病、血吸虫病等疾病患者免费治疗力度。在中西部地区农村实施住院分娩补助政策。

三是推进城乡医疗服务体系建设。重点健全农村三级卫生服务网络和城市社区医疗卫生服务体系。开展公立医院改革试点。制定和实施扶持中医药和民族医药事业发展的措施。

四是建立国家基本药物制度和药品供应保障体系，保证群众基本用药和用药安全，控制药品价格上涨。

2008年中央财政将安排832亿元支持卫生事业改革和发展，重点向农村和基层倾斜。

平价药店深受老百姓欢迎

基本医疗卫生制度是由公共卫生服务体系、医疗服务体系、医疗保障体系、药品供应保障体系四大体系共同组成的。建立好这一基本制度，也就意味着要推进四大体系协调发展。

建设公共卫生服务体系，重点是健全疾病防控、健康教育、妇幼保健、计划免疫、计划生育技术等服务网络，特别是完善重大疾病防控体系，提高突发公共卫生事件应急处置能力，这样有助于抵御像“非典”那样的突发性重大传染病的侵袭。

建设医疗服务体系，重点是加强农村三级卫生服务网络和城市社区卫生服务体系建设，实行政事分开、管办分开、医药分开、营利性和非营利性分开，深化公立医院改革，鼓励社会参与、依法创办医疗机构，这样可以满足社会多层次、多样性的医疗卫生需求，有助于解决看病难看病贵问题。

建设医疗保障体系，重点是完善城镇职工和居民的基本医疗保险、新型农村合作医疗、城乡医疗救助相互衔接的基本医疗保障体系，以慈善事业为补充，发展商业健康保险，引导群众合理就医，这是实现“病有所医”的基础性制度保障。

建设药品供应保障体系，重点是建立国家基本药物制度，对国家基本药物实行招标定点生产、集中采购和统一配送，保证群众基本用药，这样有助于解决药品价格虚高问题，从根本上减轻群众药物费用负担。

为了保障上述四大体系有效规范运转，还要深化医药卫生管理体制、公立医疗机构运行机制、经费投入机制、医疗服务与医药价格形成机制、监管体制等改革，积极推动医疗卫生事业与经济社会建设协调发展，把全民健康不断提升到更高水平。

改革开放以来，我们解决了13亿人口的温饱问题，创造了一个世界奇迹；新世纪新阶段，我们正在从事着世界上最大规模的医疗卫生服务工作。面对未来，我们豪情万丈。只要有党的坚强领导，有全社会的共同努力，让13亿人全部享有基本医疗卫生服务这一更加伟大的世界奇迹就一定能够实现！

网友提问

网友：当今西方发达国家都是怎么解决其国民的医疗保障问题的？

答：西方发达国家的医疗保障模式大致上可分为三种：一是“全民健康服务”，又称“英国模式”，指由国家拥有并管理健康保险制度，医院归国家所有，医生是国家的雇员。国家直接提供各类医疗保障，其资金来源于国家的税收。二是“全民健康保险”，又称“德国模式”，指由社会及个人共同筹资建立疾病保险基金。雇主及雇员向基金会缴纳保险费，基金会再与医生组织签约提供医护服务。没有享受雇员津贴的人由国家提供医疗救助。三是“私人医疗保险”，又称“美国模式”，指由企业主为其雇员向私营保险公司购买健康保险，自雇者和自由职业者自己购买，政府管老人和穷人；医生及医院完全私营；但总是有一部分人无法得到医疗服务。

深度阅读

- 温家宝：《政府工作报告》，人民出版社2008年3月版。

相关链接

- 陈竺、高强：《走中国特色卫生改革发展道路 使人人享有基本医疗卫生服务》，《求是》2008年第1期。

21

中国的贡献　世界的机遇

——为什么说中国在国际事务中发挥着重要建设性作用

2007年11月24日，中国首批赴苏丹达尔富尔地区参加联合国/非盟“混合行动”的维和工兵先遣分队135名官兵抵达南达尔富尔首府尼亚拉市，这是非洲以外国家向达尔富尔地区派出的第一支维和部队。他们在艰难复杂的环境里，用青春诠释着中国维护世界和平的决心，用奉献浇灌着美丽的和平之花。

自2003年2月苏丹达尔富尔地区爆发武装冲突以来，中国政府和国际社会一道为化解危机作出了不懈努力。中国是最明确推动联合国、非盟和苏丹政府“三方机制”的

苏丹达尔富尔问题国际会议在利比亚首都的黎波里举行

国家和坚持平衡推动维和行动和政治进程“双轨战略”的国家。中国在达尔富尔问题上发挥的积极建设性作用赢得了国际社会的广泛赞誉。

在当代世界，中国不仅率先提出了推动建设持久和平、共同繁荣的和谐世界理念，而且以积极的、负责任的实际行动践行着这一理念。不争的事实是，近些年来越来越多的国家和国际知名人士开始热议“中国的贡献”，关于中国在地区和全球事务中发挥重要建设性作用的话语频频出现于各类会议、论坛和媒体中。

推动世界和平与发展的重要力量

就中国在国际社会中所发挥的重要“建设性作用”而言，至少包括两层含义：一是坚持自己的原则立场，致力于解决现有的矛盾冲突和各类争端，合理、规范地运用国际社会公认的制度、规则来发展自己、保护自己，为自身发展创造良好的国际环境；二是着眼长远，提升自我话语的国际认同，积极参与国际各种规则的制订，主动承担相应的国际义务，以负责任的大国身份参与改革和完善现行国际制度和各种运行机制的工作，推动地区和全球的和平、合作与发展，推动构建和谐世界。

中国经济的成就为世界经济带来了活力

中国之所以能够在国际社会中发挥重要建设性作用，是基于我们和平发展的宝贵经验。改革开放30年来，我国已经胜利实现了现代化建设“三步走”战略目标的第一步和第二步，进入了全面建设小康社会、加快推进社会主义现代化新的发展阶段。在此基础上，中国人民十分珍惜来之不易的和平发展环境，我们的发展不会妨碍任何人，也不会威胁任何人。中国的繁荣发展是推动人类和平与发展事业重要的积极因素。

中国之所以能够在国际社会中发挥重要建设性作用，缘于我们对世界经济的贡献和国际影响力的不断提升。中国的发展繁荣带动了周边及各贸易伙伴国家与地区的繁荣复苏，中国对外贸易的扩大提高了贸易伙伴国家和地区居民的实际收入水平。2001年以来，中国为相关国家和地区创造了约1000万个就业机会，已经成为世界经济增长的强有力引擎。近些年来，中国经济对世界经济增长的贡献率超过10%，对国际贸易增长的贡献率超过12%。随着中国经济实力的提高，世界最发达的几个国家在对世界经济贸易、财政金融政策、汇率等领域的重要问题进行协商，制订有关游戏规则时，都无法忽略中国因素。法国《世界报》2008年1月4日发表题为《如果没有中国，我

国际社会关于中国在国际事务中发挥建设性作用的言论摘录

1. 联合国秘书长潘基文对中国致力于解决达尔富尔问题所做的努力表示满意。他说，中国国家主席胡锦涛2007年2月访问了苏丹，中国政府还任命了一位达尔富尔问题特别代表，他一直努力说服苏丹方面与国际社会尤其是联合国和非洲联盟完全合作，中国政府在这方面正发挥“建设性作用”。

2. 阿拉伯国家联盟负责政治事务的副秘书长本·哈拉2007年4月17日在会见中国驻阿盟全权代表吴思科大使时说，阿盟高度赞赏中国在解决苏丹达尔富尔问题上发挥的积极作用。中国关于解决该问题的立场是公正、积极和平衡的，所发挥的作用是建设性的，有独特的影响力。

3. 新一届东盟秘书长、泰国前外长素林2008年1月7日在回答记者提问时表示，中国积极支持东盟组织的发展，同时积极参与解决本地区以及国际事务。中国为提升整个东亚地区自信力作出了很大贡献。中国在东亚地区所做的贡献、对地区发展给予的大力支持以及所发挥的建设性作用，让东盟信服。

们该怎么办》的文章指出，“中国经济取得的重大成就给世界经济带来了活力”。

中国之所以能够在国际社会中发挥重要建设性作用，还在于中国在联合国的重要地位。联合国在维护世界和平、促进世界经济社会文化发展方面的作用，是其他任何国际组织或国家集团所无法替代的。中国重视并努力维护联合国的核心地位和安理会的权威。作为安理会的常任理事国，中国充分意识到自己所肩负的重大国际责任。中国积极支持并参加联合国及其安理会根据《联合国宪章》精神开展的各项工作，在联合国的各个领域中发挥着重要的建设性作用。中国主张从《联合国宪章》的宗旨和原则出发，在民主、公正、客观、平衡和协商一致的基础上，对联合国及安理会进行必要合理的改革，以增强其效率和有效性。

中国积极参与联合国安理会各项事务

中国之所以能够在国际社会中发挥重要建设性作用，关键在于始终如一地坚持独立自主和平外交政策。坚持从我国的实际情况出发，依靠自己的力量，同各国友好相处，不容许任何国家和集团损害我国的尊严、主权、独立和安全；坚持从我国人民和世界人民的根本利益出发，对于一切国际事务，都根据事情本身的是非曲直来决定自己的立场和政策，不屈从于任何外来压力；坚持以和平共处五项原则作为指导国家间关系的基本准则，不以社会制度和意识形态的异同决定国家关系的亲疏。

国际事务的积极参与者

改革开放以来，中国政府和人民高举和平、发展、合作的旗帜，加强与世界各国的联系和交往，积极参与国际事务，在谋求自身发展的同时，以实际行动在世界上发挥着重要建设性作用。

中国同主要大国建立了不同形式的伙伴关系，已成为维护大国关系稳定的重要力量。中国视大国关系为“关键”。中美两国关系总体稳定发展，战略经济对话和战略对话机制取得积极成果，在朝核等重大国际地区问题上保持有效磋商与协调；中俄两国加强在国际事务中的合作，战略协作伙伴关系提高到新水平；

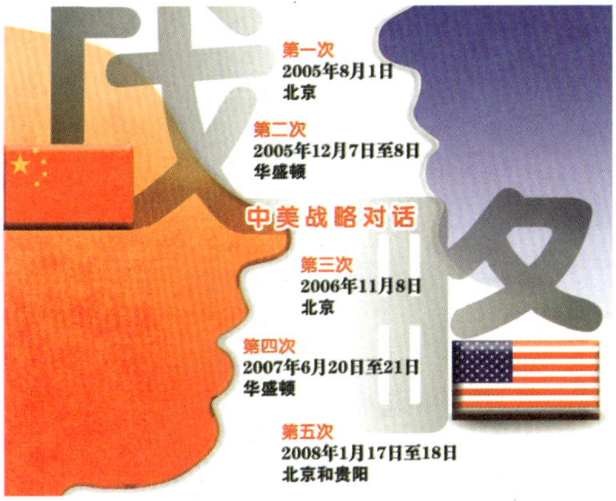

中欧相互之间的吸引力增加，全面合作日益深化；中日双方近年来就构筑“基于共同战略利益的互惠关系”达成了共识，致力于发展长期稳定、睦邻友好的双边关系。中国影响力的增强，不仅提高了自己在大国关系中的地位和作用，而且已成为主要大国借重的对象。

中国积极推进同周边国家和地区的交流与合作，已成为周边国家的好邻居、好伙伴。“远亲不如近邻”。周边外交在我国外交全局中始终占有重要位置。我国是世界上拥有邻国最多的国家之一，陆地边界2.2万多公里，海岸线1.8万多公里，直接接壤邻国就有14个。中国视周边外交为“首要”，本着“与邻为善、以邻为伴”的方针，通过亚太

中非合作论坛北京峰会

中欧科技年闭幕式在里斯本举行

上海合作组织六国总长举行战略磋商

朝核问题第六轮六方会谈第二阶段会议团长合影

经合组织、上海合作组织、中国—东盟(10+1)合作、东盟与中日韩(10+3)合作、大湄公河次区域合作，积极推进双边和区域合作，共同营造了和平稳定、平等互信、合作共赢的地区环境，促进了共同繁荣。

中国致力于同广大发展中国家深化传统友谊，扩大务实合作，已成为发展中国家值得信赖的合作伙伴。中国是世界上最大的发展中国家，加强同发展中国家的团结与合作是我国对外政策的基本立足点。在新形势下，中国同广大发展中国家的共同关切增多，在推动国际秩序朝着公正合理的方向发展方面有着共同的利益和追求。中国认真落实联合国千年发展目标，迄今已向120多个国家和区域组织提供了2000多个援助项目，已累计对49个不发达国家免除到期政府债务374笔。中非合作论坛、中阿合作论坛等，成为新时期中国加强与发展中国家集体对话与合作的成功尝试。

中国积极参与多边事务，承担相应国际义务，已成为国际体系的积极参与者和贡献者。迄今为止，中国已签署了300多个国际公约，参加了130多个国际组织，并在军备控制、贸易投资等国际机制中扮演重要角色。有了中国的参与，许多国际热点问题呈现出积极的发展变化态势。譬如：2007年10月举行的第六轮朝核问题六方会谈第二阶段会议取得了重大进展，通过了《落实共同声明第二阶段行动》的共同文件。朝鲜关闭宁边核设施并对其核设施加以“去功能化”，朝鲜半岛向无核化目标迈出了重要的一步。

中国驻苏丹维和部队被授予联合国和平荣誉勋章

中国积极参与维和行动，已成为维护国际和平与安全的积极力量。迄今为止，中国共参与22项联合国维和行动，累计派出维和人员上万人次，现正在执行维和任务的有1900多人，是联合国安理会5个常任理事国中派出维和人员最多的国家。中国自1990年首次参加联合国维和行动以来，累计新建、修复道路7300多公里，桥梁200多座，排除地雷及各类未爆炸物7600多枚，运送人员12万多人次、物资26万多吨，接诊病人3.6万多人次。先后有3名军官和5名士兵在执行维和任务中牺牲。

中国政府履行义务，积极应对全球变暖等生态、环境问题，已成为应对气候变化等全球性问题的负责任一员。2007年6月，中国正式发布了《中国应对气候变化国家方案》。胡锦涛主席在2007年6月出席八国集团同发展中国家领导人对话会议及发展中五国领导人会晤时，全面深入地阐述了中国在应对气候变化等问题上的立场，显示了中国积极的、建设性和负责任的态度。中国主张在《联合国气候变化框架公约》及其《京都议定书》框架内，按照共同但有区别的责任原则，加强国际协作，努力形成世界各国在协力保护环境中共同发展、在优化环境中持续繁荣的良好局面。2007年12月，标志着人类应对气候变化的一座新里程碑——“巴厘岛路线图”孕育出台，中国为绘成“巴厘岛路线图”作出了自己的贡献。

中国意大利年开幕式

中日青少年友好交流年

中国创造性地与一些国家互办“文化年”、“国家年”活动，成为推动世界文化和谐的创造者和建设者。继2003年至2005年中法互办“文化年”后，“文化年”、“国家年”已成为中国对外交流领域的热门词汇，如“俄罗斯年”、“中印友好年”、“意大利年”、“中韩交流年”、“西班牙年”、“中希文化年”等等。这些活动，既为中国人近观外国文化提供了很好的机会，又是外国人了解中国文化的有效途径，“中国红”更是成为对象国的流行元素。“文化年”、“国家年”活动不仅涉及文学艺术、教育、科技、广播电视、图书出版、青年、体育、民族、宗教、建筑、环保、旅游等领域，也与政治、经贸等领域紧密相连，为提升国家之间的全面合作关系搭建了新平台、增添了新动力。

努力推进和谐世界建设

在世界多极化不可逆转、经济全球化深入发展、科技革命加速推进的世界大势下，中国的前途命运日益紧密地同世界的前途命运联系在一起。在新的历史起点上，中国人民将继续同各国人民一道，为实现人类的美好理想而不懈努力。

中国将始终奉行独立自主的和平外交政策，维护国家主权、安全、发展利益，恪守维护世界和平、促进共同发展的外交政策宗旨。不管国际风云如何变幻，中国都将始终不渝地走和平发展道路，在国际事务中秉持公道、伸张正义，坚持国家不分大小、强弱、贫富一律平等，尊重各国人民自主选择发展道路的权利，不干涉别国内部事务，不把自己的意志强加于人。相互尊重、平等协商，反对各种形式的霸权主义和强权政治，在国际事务中提倡和贯彻民主原则，共同推进国际关系民主化。

中国将积极应对经济全球化带来的机遇和挑战，始终不渝奉行互利共赢的开放战略，加强相互合作，实现优势互补，共同推动经济全球化朝着均衡、普惠、共赢方向发展。继续以自己的发展促进地区和世界的发展，扩大同各方利益的汇合点，在实现本国发展的同时兼顾对方特别是发展中国家的正当关切；继续按照通行的国际经贸规则，扩大市场准入，依法保护合作者权益。支持完善国际贸易体制，推进贸易和投资自由化便利化，通过磋商协作妥善处理经贸摩擦。决不做损人利己、以邻为壑的事情。

欧盟总部举行“和谐中国”图片展

中国将加强中华文明与世界不同文明间的交流，不断增进了解，相互包容、相互借鉴、求同存异、取长补短，尊重世界多样性，共同促进人类文明繁荣进步。倡导开放和兼容并蓄的文明观，尊重和维护世界文明多样性和发展模式多样化，与不同文明和谐共处。既积极推动中华文化走向世界，向世界展示中华文化的独特魅力，又以更加开阔的视野和博大的胸怀对待他国文化，积极吸收、借鉴世界其他国家和民族优秀文明成果，增强中华文化的国际影响力和辐射力。通过文化交流带动世界各国间的全方位合作与发展。

中国将同世界各国进一步加深互信、加强对话与合作，坚持用和平方式而不是战争手段解决国际争端，共同维护世界和平稳定。倡导互信、互利、平等、协作的新安全观，主张摒弃冷战思维和强权政治心态；互相尊重对方的安全利益，实现共同安全；建立公平、有效的集体安全机制，以和平方式，通过协商、谈判解决国际争端或冲突；加强合作，坚决打击一切形式的恐怖主义；继续与相关地区、国家务实合作，积极参与合作解决各类安全问题，致力于和平解决国际争端和热点问题，为地区和平、安全和稳定以及世界的发展发挥独特的建设性作用。

前往刚果（金）执行联合国维和任务的医务工作者

中国的发展进步离不开世界，世界的繁荣稳定也离不开中国。一个富强民主文明和谐的现代化中国，一定能够为人类和平与发展的崇高事业作出更大的贡献！

深度阅读

- 胡锦涛：《共同谱写和平、发展、合作的新篇章》，《人民日报》2007年1月1日。
- 胡锦涛：《坚持改革开放　推进合作共赢——在博鳌亚洲论坛二〇〇八年年会开幕式上的演讲》，《人民日报》2008年4月13日。

相关链接

- 王毅：《始终不渝走和平发展道路》，《求是》2007年第23期。

22

不断为党的肌体注入新的活力

——为什么要积极推进党内民主建设

公推直选的选举方式，是扩大党内民主、保障党员权利的一项有益尝试

2008年4月12日，济南市中区七东社区举行党员大会。经过公推直选，社区全体党员投票选出了社区党总支书记、副书记及党总支委员，这是近年来各地推进党内民主实践的一个缩影。4月28日，中共中央政治局召开会议讨论党代表大会代表任期制暂行条例，强调要建立健全党代表大会代表履行职责的制度和机制，保障党代表大会代表的各项权利，充分发挥党代表大会代表的作用。从基层党组织公推直选的民主实践到中共中央政治局建立健

全党代表任期制的决策，表明了我们党对推进党内民主、加强党的领导的坚定决心和积极探索，必将进一步增强党的创新活力和团结统一，使我们党永葆先进性。

党内民主是党的活力之源

一个政党要始终走在时代前列，必然要顺应潮流、与时俱进。作为有着7300余万名党员、350多万个基层组织的中国共产党，如何让每一个成员的创新活力充分迸发？怎样才能不断巩固党组织的团结统一？党内民主是根本保证。党内民主，是全体党员在党内当家作主的政治权利和政治制度，是指全体党员有权平等地直接或间接决定和处理党内一切事务。发展党内民主是党的性质所决定的，是党的建设的内在要求，是党的重要特征，也是我们党在长期革命、建设和改革实践中形成的优良传统，这对于建设一个充满生机的政党，对于发展人民民主，具有十分重要的意义。

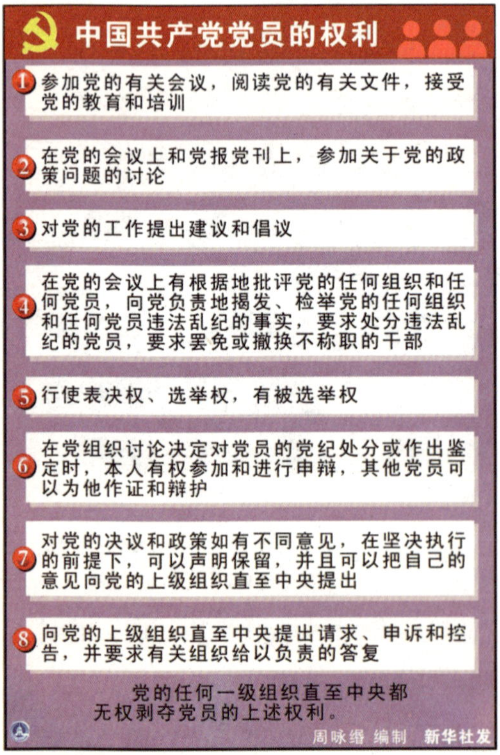

民主带来团结统一。民主意味着平等。发展党内民主、保障党员的平等权利，

延安整风（油画，罗工柳作）

是防止一言堂和独断专行的最有效途径。保障党员在党内表达不同意见的权利，让党员广泛参与党内决策，讲真话、讲心里话，在平等讨论中求同存异、达成共识，这样才会有自觉的纪律，才能带来真正的团结统一，才能将发展党内民主的成果转化为统一的思想、统一的行动，不断增强党组织的创造力、凝聚力、战斗力。

民主带来创新活力。发展党内民主就是要最大限度地激发党的创新活力，为实现党的路线、纲领和目标而团结奋斗。中国共产党是被历史证明了的具有旺盛生命力的政党，但是这种生命力的保持并不是一劳永逸的。如果党不能与时俱进，不能充分发扬党内民主，抵御风险的能力就会大大降低，党的生命力就会受到威胁。党员是党的细胞，只有细胞活跃，党的肌体才有活力。星多天空亮，人多智慧广。充分发展党内民主，才能最大限度地调动全党的积极性、主动性和创造性，在党内形成解放思想、畅所欲言、生动活泼、开拓创新、团结奋进的局面，保证党的事业蓬勃发展。

民主带来科学决策。民主意味着集思广益。只有发展党内民主，健全党内民主制度和民主决策程序，党的各级组织和领导干部才能集中正确的意见，形成科学决策。党内民主也是纠正党组织决策失误的有力武器。充分发展党内民主是保证党不犯错误、少犯错误最重要的预防机制。有了这种机制，如果决策出现偏差和失误也能够及时得到纠正。

民主带来优良作风。党的作风，关系党的形象，关系人心向背，关系党的生命。优良的党风是党的先进性和执政能力的重要体现，是做好党和国家工作的重要保证，是凝聚党心民心的巨大力量。形成良好的党风，必须坚持和发展党内民主。党内民主制度的健全和民主氛围的形成，能够给党员在党的各项工作中发挥自己的聪明才智、贡献自己的智慧和力量提供更为广阔的舞台。

党内民主建设的新进展

适应新形势新任务对党的建设提出的新要求，我们党把推进党内民主建设作为保持和发展党的先进性的一项根本性任务，坚持从实际出发、循序渐进的原则，以改革创新精神积极发展党内民主，在理论和实践上取得了一系列新进展。

党内民主建设理论取得重要成果。根据党内民主发展出现的新情况，党的十七大报告提出：党内民主是增强党的创新活力、巩固党的团结统一的重要保证。要以扩大党内民主带动人民民主，以增进党内和谐促进社会和谐。尊重党员主体地位，保障党员民主权利，推进党务公开，营造党内民主讨论环境。这一系列新观点充分反映了加强党内民主建设的新要求，体现了广大党员干部对发展党内民主的新期盼，为加强党内民主建设指明了方向。

党内民主制度建设有了长足进步。民主需要制度作保障。近年来，党内民主不断完善，日益规范化、制度化。制定施行《中国共产党党员权利保障条例》、《中国共产党地方组织选举条例》、《中国共产党党内监督条例》，适当扩大党内差额选举的比例和范围。例如，十七大代表选举，差额比例一般都超过了15%，比十六大时增加了 5 个百分点，扩大了选举人的选择范围，在推荐提名阶段也普遍做到了差额推荐。

党委决策的科学化、民主化水平逐步提高。中央政治局带头执行重大决策征求意见制度，在作出重大决策之前，广泛发扬民主，坚持走群众路线，深入调查研究，听取各地、各部门和民主党派等各方面的意见，集体讨论决定。凡涉及人民群众切身利益的重大事项，广泛实行听证、公示等制度，集思广益，集中民智，使决策既符合客观实际，又有坚实的群众基础。对专业性和技术性较强的重大事项，实行专家论证、技术咨询、决策评估，使决策更加科学化。

干部选拔任用机制更加完善。民主推荐、民主测评已经成为干部选拔任用的必经程序和基础环节，考察预告、任前公示、试用期和党的地方委员会全体会议无记名投票表决重要干部等制度全面推行，干

党的十七大代表选举工作在扩大党内民主方面几项主要措施的落实情况

十七大代表选举工作是一次充分发扬党内民主、走群众路线的成功实践。在各级党组织和广大党员的共同努力下，中央提出的扩大党内民主的各项措施和要求，都得到了切实的贯彻落实，产生了良好的效果。

几项主要措施的落实情况

- 各选举单位召开党代表大会或党代表会议选举十七大代表时，差额比例一般都超过了15%，比十六大时增加了5个百分点，扩大了选举人的选择范围，有利于好中选优
- 县（市）、市（地）两级党委上报的代表候选人推荐人选，均由过去的常委会讨论决定改为由常委会提名、全委会讨论决定，扩大了代表候选人初步人选推荐环节的民主，有利于更好地反映各级党组织和党员的意愿
- 各选举单位均对代表候选人初步人选在本选举单位范围内以适当方式进行了公示，更加广泛地听取党员群众的意见，接受党员群众的监督
- 省区市在召开全委会确定代表候选人预备人选之前，普遍向省级民主党派、工商联和无党派人士作了通报并听取意见。党外同志反映，这种做法在以前是没有过的，充分体现了中国共产党的胸怀和诚意，展示了中国共产党自信成熟的形象

部选拔任用工作比以前更加透明，干部考察更加全面深入。近年来，江苏、云南、四川、重庆、吉林等地在干部选拔上进行了“公推公选”、“公推直选”、“公推差选”、“差额直选”等改革试点，探索了一些积极可行的做法。

党务公开监督员制度有助于保障党员的知情权和监督权

党内民主监督的有效性不断增强。中央把党内监督的重点明确为党的各级领导机关和领导干部，特别是各级领导班子的主要负责人，为开展党内民主监督提供了根本依据。近年来，中央和省一级党委陆续建立并实施巡视制度。各级党组织把民主生活会作为领导班子内部监督的重要形式，切实提高民主生活会的质量，充分发挥领导班子成员相互监督的作用，自觉接受上级党组织的监督。述职述廉、诫勉谈话、党员领导干部报告个人有关事项等制度进一步健全，使领导干部接受组织和群众监督的领域更加广泛、重点更加突出、操作更加具体。

以改革创新精神积极推进党内民主建设

我们党80多年的奋斗历史，同时也是不断探索和推进党内民主建设的历史。党的发展历程反复证明，党内民主是党的生命。什么时候党内民主得到较好发扬，党的事业就兴旺发达，即使出现问题，也能及时得到纠正；什么时候党内民主受到削弱和破坏，党就会走弯路，党的事业就会遭受挫折。在新的历史条件下，以改革创新精神积极推进党内民主建设，意义重大，关系到党的执政能力的提高、广大党员积极性的发挥和党群干群关系以及人民民主建设。

某村定期公布全村党员状况和远景发展目标

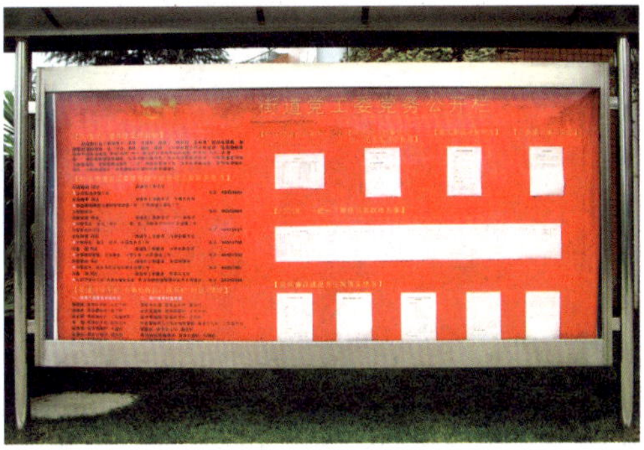

某街道办事处的党务公开栏

切实保障党员民主权利。党员是党的主体，是党内的主人，在党内当家作主。党员基本权利涉及民主参与、民主选举、民主决策和民主监督等方面。只有这些权利得到充分保障，才能调动党员的积极性、主动性和创造性。但在实际生活中，一些地方党员的这些权利并没有得到切实维护和保障。因此，必须建立操作性强、完备有效的制度体系和运作机制，确保党员各项权利得到真正落实，确保侵犯党员民主权利的行为得到有力惩处。

完善党的代表大会制度和党的委员会制度。党的代表大会是党的最高权力机关和监督机关，有权讨论和决定党内一切重大问题。要确立党的代表大会的权威地位，完善党的代表大会制度，实行党的代表大会代表任期制，探索党的代表大会代表发挥作用的途径和形式，建立代表提案制度，完善代表大会代表的产生办法，完善党的代表大会的议事规则。完善党的地方各级全委会、常委会工作机制，从机制上理顺和规范全委会和常委会的关系，充分发挥全委会对重大问题的决策作用。

改革和完善党内选举制度。党内选举制度，是党内民主制度的重要内容。完善选举制度，首先需要健全选举程序，逐步扩大差额选举的比例和范围，完善差额选举办法。同时，有步骤地扩大基层党组织领导班子直接选举的范围，加强对选举的监督。改进候选人的提名方式和介绍办法，使选举人对候选人有更多更切实的了解。农村基层党组织普遍采用“两推一选”和“公推直选”等办法，效果较好，有进一步完善推广的空间。

推进党务公开，增强党组织工作的透明度。除涉及党和国家机密之外的党务工作、党内活动，包括党组织的重大决策、党内事务和组织活动的重要事项，群众关心的热点、难点问题，容易出现以权谋私、滥用权力的腐败现象的事项等等，都应对党员公开，以保障党员的知情权、选举权、参与决策权和监督权。当前，要在试点中对党务公开的内容、形式、范围、程序、制度等方面作进一步探索，逐步建立起符合实际的党务公开的运行机制

“党员旁听制”发挥党员积极性

党员民主听证会正在发挥越来越大的作用

和制度保障。

坚持民主和集中相统一的原则。我们党实行的民主集中制，是民主基础上的集中和集中指导下的民主相结合的制度。民主是正确集中的前提和基础，集中是民主的必然要求和归宿。推进党内民主建设，既要充分发扬党内民主，使各级党组织和广大党员的意愿得到充分表达，防止个人专断；又要加强在民主基础上的集中，统一思想认识，保持步调一致，防止出现极端民主化倾向。

改革和完善党内监督制度。民主与监督紧密相连，没有有效的党内监督，就不可能有健全的党内民主。完善的监督制度，也是各种腐败的天敌和克星。要健全、完善领导干部个人重大事项报告、述职述廉、民主评议、民主生活会、信访处理、巡视和派驻、诫勉谈话、经济责任审计、询问、质询和问责、罢免或撤换要求及处理等制度。如何把党内监督与人大监督、政府专门机关监督、政协民主监督、司法监督、社会监督和舆论监督等结合起来，增强监督的合力和实效等问题，都要在实践中积极探索，取得经验，不断完善。

“忽如一夜春风来，千树万树梨花开。”随着党内民主旋律的唱响，党内民主春风的劲吹，党的肌体活力日益增强，必将更好地把党建设成为“立党为公、执政为民，求真务实、改革创新，艰苦奋斗、清正廉洁，富有活力、团结和谐的马克思主义执政党”。

深度阅读

- 《中国共产党党章》，人民出版社 2008 年 1 月版。
- 《中国共产党党内监督条例》，人民出版社 2004 年 1 月版。

相关链接

- 李源潮：《推进党内民主建设　增强党的团结统一》，《人民日报》2007 年 11 月 1 日。

后　记

参加本书起草和修改工作的有：房宁、李正华、张宇、金元浦、沈壮海、温桂芳、唐钧、王舟波、王建润、孟昭安、尹中立、陶冶、商志晓、项继权、于洪峰、齐冰、秦刚、薛惠锋、王幸生、沈立江、王卫、周世敏、周成华、赵智奎、郭金平、姜晓秋、秦宣、张雷声、顾钰民、季正矩、杜飞进、沈荣华、张全新、何亦农、崔新建、杨信礼、包心鉴、李惠斌、刘水明、李雪慧、贾建芳、艾四林、王向明、张宏、袁祥、周爱兵、王心富、徐贵相、邵文辉、陈进、田园、徐庆群等同志。蔡书贵、刘从德、郭晓东等同志自始至终参加了初稿起草和修改工作。唐建军同志具体组织了本书的调研、初稿起草和修改工作。

本书在编写过程中，中央有关部门负责同志、专家学者给予了大力支持。王太华、朱维群、李景田、冷溶、龙新民、王晨、张平、朱之鑫、杨洁篪、周生贤、蔡武、周济、高强、李学举、魏礼群、沈春耀、张文台、孙春兰、尚福林、王伟光、张研农、邵华泽、虞云耀、孙英、张惠新、欧阳淞、施芝鸿、李东生、翟卫华、孙志军、欧阳坚、王世明、李君如、杨胜群、李忠杰、韦建桦、李慎明、李宝善、王维澄、郑科扬、邢贲思、逄先知、金冲及、许志功、侯树栋、吴树青、李文海、陈先达、赵曜以及路建平、张磊等同志，提出了宝贵的意见。雒树刚同志审阅了全部书稿。本书编写工作由张西明、黄中平同志主持。

编　者

2008 年 6 月